Einsamkeit

Die heimliche Plage unserer Zeit

Bibliografische Information der Deutschen Nationalbibliothek
Die Deutsche Nationalbibliothek verzeichnet diese Publikation
in der Deutschen Nationalbibliografie; detaillierte bibliografische
Daten sind im Internet über http://dnb.d-nb.de abrufbar.

Druck und Verlag:
Books on Demand GmbH
Gutenbergring 53
D-22848 Norderstedt

©2009 bei Werner Novak

1.Auflage

Printed 2009 in Germany

Textlayout: Werner Novak
Umschlaggestaltung: Helge Schröder
Umschlagbild: ©Kurt Bouda/Pixelio

ISBN-13: 978-3-8370-9934-8

„Ein Freund ist ein Mensch, vor dem man laut denken kann."

Inhalt:

Bildnachweise:

Seite 7   © Ulli Przyklenk/Pixelio
Seite 45   © Jens Bredehorn/Pixelio
Seite 56   © Gabriele Planthaber/Pixelio
Seite 65   © Ines Peters/Pixelio
Seite 76   © Erich Keppler/Pixelio
Seite 101 © Marco Barnebeck/Pixelio

Die Namen, in den in diesem Buch abgedruckten Interviews, wurden zum Schutz der Personen geändert.

Vorwort

SIND sie in einer Menschenmenge auszumachen? Sieht man es ihnen an? Verbergen sie es beim Begrüßen hinter einem Lächeln? Kann man es an ihrem Gang oder an ihrer Haltung erkennen? Der alte Mann, der ganz allein auf einer Parkbank sitzt, oder die junge Frau, die allein ein Kunstmuseum besucht — werden sie von Einsamkeit gepeinigt? Betrachten wir drei Generationen — eine Großmutter, die mit ihrer Tochter und dem Enkelkind durch ein Einkaufszentrum bummelt. Die drei scheinen glücklich zu sein, doch wie sicher lässt sich das sagen? Oder nehmen wir unsere Arbeitskollegen. In unseren Augen sind sie zufriedene Menschen; sie haben eine Familie, die sich um sie kümmert, und ein ausreichendes Einkommen, das es ihnen ermöglicht, ein angenehmes Leben zu führen. Könnte es jedoch sein, dass einer von ihnen offen sagt: „Ich bin einsam."? Und der anscheinend zufriedene, lebhafte Teenager dort, leidet er vielleicht auch unter Einsamkeit? Die Antworten auf diese Fragen überraschen uns womöglich.

für Sigrid

Warum sind so viele Menschen einsam?

IN DER heutigen Gesellschaft leiden viele unter Einsamkeit. Betroffen sind Menschen aller Altersstufen, Rassen, Gesellschaftsschichten und Bekenntnisse.

Auch diejenigen von uns, die Einsamkeit noch nicht am eigenen Leib verspürt haben, können doch nachvollziehen, wie es ist, wenn man sich von Zeit zu Zeit nach Gemeinschaft sehnt, nach einem Menschen, der ein offenes Ohr hat, der einem Halt gibt, der vielleicht unsere innersten Gefühle und Gedanken nachempfinden kann und der uns ganz persönlich versteht.

Wir brauchen Menschen, die für unsere Empfindungen empfänglich sind.

Wenn man allein ist, heißt das jedoch nicht zwangsläufig, dass man einsam ist.

Manch einer kann lange Zeit allein sein und sich an vielen Dingen erfreuen, ohne im Geringsten einsam zu sein. Ein anderer wiederum kann das Alleinsein überhaupt nicht ertragen.

Im *Deutschen Universalwörterbuch* von Duden findet man unter dem Stichwort *„allein"* die Definition „ohne die Anwesenheit, Gegenwart eines anderen od[er] anderer, getrennt von anderen, ohne Gesellschaft, für sich". Das bedeutet nicht unbedingt, dass der Betreffende unter dem Alleinsein leidet.

Ist er jedoch *einsam*, kann das gemäß einem Lexikon „sehr bedrückend und schmerzlich" sein.

Die Ausdrücke *verloren* oder *verlassen* werden gebraucht, wenn der Aspekt der Hilflosigkeit noch hinzukommt.

Gefühle der Einsamkeit können in der Tat sehr stark und äußerst schmerzlich sein.

Man verspürt eine innere Leere, fühlt sich isoliert, von anderen abgeschnitten.

Einsamkeit kann Menschen emotional schwächen und verängstigen.

Vielleicht haben wir das selbst schon erlebt.

Wie kommt es eigentlich dazu, dass man sich einsam fühlt?

Im Leben gibt es immer wieder Probleme, Situationen und Umstände, die uns irgendwie zu schaffen machen.

Der eine fühlt sich wegen seines Aussehens, seiner Rasse oder seiner Religion nicht akzeptiert. Der andere muss persönliche Veränderungen verkraften, wie zum Beispiel einen Schul- oder Arbeitsplatzwechsel, einen Umzug in eine andere Gegend, in eine fremde Stadt oder in ein anderes Land.

Solche Einschnitte im Leben können Gefühle der Einsamkeit hervorrufen, weil man gute Freunde zurücklassen muss. Auch der Tod des Vaters, der Mutter oder des Ehepartners kann Menschen einsam machen,und das womöglich jahrelang.

Wenn wir älter werden, ändert sich außerdem unser Freundes- und Bekanntenkreis, er wird kleiner und irgendwann ist vielleicht niemand mehr da.

Auch die Ehe ist keine Garantie gegen Einsamkeit. Wenn sich zwei Menschen nicht verstehen oder nicht harmonieren, kommt Stress auf, der wiederum Unsicherheit hervorrufen und sogar zur Isolation der Ehepartner und der Kinder führen kann. Abgesehen von der Einsamkeit, die durch den Tod eines geliebten Menschen, durch Scheidung, durch räumliche oder emotionale Isolation entsteht, gibt es noch eine andere Art Einsamkeit, die sehr tief gehen kann. Sie entsteht, wenn unser Verhältnis zu Gott gestört ist und wir uns von ihm getrennt fühlen (für gläubige Personen).

Wer irgendeine der oben beschriebenen Situationen aus eigener Erfahrung kennt, fragt sich wahrscheinlich: Kann man mit Einsamkeit fertig werden?

Wie kann ich meine Einsamkeit überwinden?

Es ist Samstagabend. Der Junge sitzt allein in seinem Zimmer.

„Ich hasse das Wochenende!" schreit er. Doch in seinem Zimmer ist niemand, der ihn hört. Er blättert in einer Zeitschrift und sieht ein Bild mit einer Gruppe junger Leute, die sich am Strand amüsieren. Er schleudert das Heft gegen die Wand. Tränen treten ihm in die Augen. Er beißt sich auf die Lippen, aber die Tränen rollen ihm unaufhörlich über die Wangen. Da er nicht dagegen ankämpfen kann, lässt er sich aufs Bett fallen und schluchzt: „Warum werde ich immer übergangen?"

KOMMST du dir auch manchmal so vor — von der Welt abgeschnitten, einsam, zu nichts nütze und leer?

Wenn ja, dann verzweifle nicht.

Einsamkeit ist zwar nicht schön, doch man stirbt auch nicht daran.

Einfach ausgedrückt, ist Einsamkeit ein Warnsignal.

Der Hunger mahnt dich zum Essen. Die Einsamkeit mahnt dich zu Gemeinschaft, menschlicher Nähe und Vertrautheit.

Wir brauchen Nahrung, damit unser Organismus richtig funktioniert. Und wir brauchen Gemeinschaft, um uns wohl zu fühlen.

Hast du schon einmal glühende Kohlen beobachtet?

Wenn man eine Kohle von dem Haufen wegnimmt, hört die einzelne Kohle auf zu glühen. Aber legt man sie zurück auf den Haufen, so glüht sie wieder.

Ebenso können wir Menschen isoliert nicht lange „glühen" oder gut zurechtkommen.

Es ist ganz natürlich, sich Gemeinschaft zu wünschen.

Wilhelm von Humboldt schrieb:

„Die wenigsten Menschen verstehen, wie unendlich viel in der Einsamkeit liegt." Stimmst du ihm zu? „Ja", sagt Bill (20 Jahre). „Ich liebe die Natur. Manchmal fahre ich mit meinem kleinen Boot hinaus auf einen See. Ich bin dann stundenlang ganz allein. So habe ich Zeit, darüber nachzudenken, was ich mit meinem Leben anfangen will. Das ist herrlich." Der 21jährige Stefan ist ebenfalls dieser Meinung. „Ich wohne in einem großen Apartmenthaus", sagt er, „und manchmal gehe ich auf das Dach des Gebäudes, um allein zu sein. Dort kann ich in Ruhe nachdenken und beten. Das tut gut."

Ja, wenn man von Zeiten des Alleinseins guten Gebrauch macht, können sie einen mit tiefer Zufriedenheit erfüllen.

Vorübergehende Einsamkeit

Mitunter ist man allerdings umständehalber allein, wie zum Beispiel wegen eines Umzugs, durch den man von guten Freunden getrennt worden ist.

Stefan erzählt:

„An meinem früheren Wohnort waren James und ich Freunde; wir standen uns näher als Brüder. Ich wusste, dass ich ihn nach dem Umzug vermissen würde." Stefan hält inne, als würde er den Abschied in Gedanken nochmals durchleben. „Als ich an Bord des Flugzeugs gehen musste, hatte ich einen Kloß im Hals. Wir umarmten uns, und dann ging ich. Ich hatte das Gefühl, etwas Kostbares verloren zu haben."

Wie ist Stefan in seiner neuen Umgebung zurechtgekommen? „Es war hart", sagt er. „An meinem alten Wohnort mochten mich meine Freunde, aber hier gaben mir einige meiner Arbeitskollegen das Gefühl, ich sei nichts wert. Ich erinnere mich, dass ich manchmal auf die Uhr schaute, vier Stunden zurückzählte — das war der Zeitunterschied — und überlegte, was James und ich wohl jetzt getan hätten. Ich fühlte mich einsam."

Wenn alles nicht so läuft, wie man möchte, ist man oft geneigt, der Vergangenheit nachzutrauern.

Die Dinge können sich zum Besseren wenden. Darum sprechen Forscher oft von **„vorübergehender Einsamkeit"**.

Stefan hat seine Einsamkeit überwunden. Wie? Er berichtet: „Ich habe mich mit jemand ausgesprochen, der Verständnis für mich hatte. Das hat mir geholfen. Man kann nicht in der Vergangenheit leben. Ich habe mich gezwungen, andere anzusprechen, Interesse an ihnen zu zeigen. Es hat geklappt; ich habe neue Freunde gefunden."

Und wie steht es mit James?

„Ich habe mich geirrt. Durch den Umzug ist unsere Freundschaft nicht auseinandergegangen. Neulich habe ich ihn angerufen. Wir redeten und redeten, ein einviertel Stunden lang!"

Chronische Einsamkeit

Doch mitunter hält das quälende Gefühl der Einsamkeit an.

Sie zu überwinden scheint unmöglich zu sein.

Ronny, ein Schüler, erzählt:

„Acht Jahre gehe ich nun in diese Schule, aber während der ganzen Zeit habe ich keinen einzigen Freund gefunden . . . Niemand weiß, was in mir vorgeht, niemand gibt sich mit mir ab. Manchmal ist es für mich unerträglich."

Wie viele Teenager verspürt auch Ronny die sogenannte chronische Einsamkeit.

Sie ist gravierender als vorübergehende Einsamkeit.

Fachleute meinen sogar, dass beide Arten sich so deutlich „voneinander unterscheiden wie eine Erkältung von einer Lungenentzündung".

Doch ebenso, wie eine Lungenentzündung kuriert werden kann, so kann man auch etwas gegen die chronische Einsamkeit tun. Aber was? Der erste Schritt ist, die **Ursache der Einsamkeit zu ermitteln**.

Was die 16jährige Rhonda sagt, trifft die üblichste Ursache der chronischen Einsamkeit genau:

„Mir scheint, man fühlt sich einfach deshalb einsam, weil man keine Freunde haben kann, wenn man sich selbst nicht mag. Und ich kann mich vermutlich selbst nicht besonders leiden" *(Lonely in America)*.

Rhondas Einsamkeit hat innere Ursachen.

Ihre geringe Selbsteinschätzung versperrt ihr wie eine Schranke die Möglichkeit, gegenüber anderen aufgeschlossen zu sein und Freundschaften zu schließen.

Ein Experte erklärte:

„Bei chronisch Einsamen sind Aussprüche wie ‚Ich bin nicht anziehend‘, ‚An mir ist nichts interessant‘, ‚Ich bin nichts wert‘ gang und gäbe."

Der Schlüssel zur Überwindung der Einsamkeit liegt darin, an Selbstachtung zu gewinnen.

Außerdem werden deine Eigenschaften auf andere anziehend wirken, je mehr du es lernst, dich selbst leiden zu mögen.

Doch ebenso, wie man die volle Farbenpracht einer Blüte erst sieht, wenn sie sich völlig entfaltet hat, so können andere deine Eigenschaften nur erkennen, wenn du sie ihnen erschließt.

Für Einsame ist es gemäß einer Publikation des amerikanischen Instituts für psychische Gesundheit das Beste, unter Menschen zu gehen.

Die 19jährige Natalie fasste den Entschluss, die Hände nicht in den Schoß zu legen und nicht abzuwarten, dass jemand sie begrüßt. „Auch ich muss freundlich sein", sagt sie. „Womöglich hält man mich sonst für hochnäsig."

Beginne mit einem Lächeln. Vielleicht lächelt der andere zurück.

Der nächste Schritt ist, eine Unterhaltung anzufangen. Lillian, 15 Jahre alt, gibt zu: „Personen, die ich nicht näher kannte, das erste mal anzusprechen war für mich wirklich schrecklich. Ich befürchtete, sie würden mich nicht akzeptieren." Wie beginnt Lillian eine Unterhaltung? Sie sagt:

„Ich stelle einfache Fragen, wie zum Beispiel: ‚Woher bist du?' ‚Kennst du diesen oder jenen?' Möglicherweise gibt es jemanden, den wir beide kennen, und schon entwickelt sich ein Gespräch."

Freundliche Taten und Freigebigkeit werden auch dir helfen, wertvolle Freundschaften aufzubauen.

Denke auch daran, dass du einen Freund haben kannst, der dich niemals enttäuscht..

Wenn du dich dennoch von Zeit zu Zeit einsam fühlst, dann sei nicht beunruhigt. Das ist vollkommen normal.

Bist du einsam?

Es gibt Momente im Leben, in denen es natürlich ist, sich einsam zu fühlen, ganz gleich, ob man verheiratet oder ledig, Mann oder Frau, alt oder jung ist.

Denken wir auch daran, dass Alleinsein nicht unbedingt Einsamkeit hervorruft.

Ein Gelehrter, der in eine Forschungsarbeit vertieft ist, ist nicht einsam, auch wenn er allein ist. Und ein Künstler, der ein Bild malt, hat ebenfalls keine Zeit, sich einsam zu fühlen. Beide würden eine stille Stunde begrüßen; die Einsamkeit wäre dann ihr bester Freund.

Das Gefühl echter Einsamkeit entsteht tief im Inneren eines Menschen und lässt sich nicht in erster Linie auf äußere Umstände zurückführen.

Die Ursache dafür kann ein trauriges Ereignis sein — ein Todesfall, eine Scheidung, der Verlust des Arbeitsplatzes oder irgendeine andere Tragödie. Wenn wir unser Inneres erleuchten, kann diese Einsamkeit abnehmen, mit der Zeit vielleicht sogar ganz verschwinden, und wir verarbeiten den Verlust, der uns bedrückt hat.

Gefühle entspringen den Gedanken.

Nachdem ein Verlust verarbeitet worden ist und die damit verbundenen Gefühle in den Hintergrund getreten sind, ist es an der Zeit, sich auf positive Gedanken zu konzentrieren, auf Gedanken, die einem helfen, auch zukünftig ein aktives Leben zu führen.

Es gibt positive Dinge zu tun.

Geh daher aus dir heraus. Ruf jemanden an, schreib einen Brief, oder lies ein Buch. Lad Gäste ein; pfleg Gedankenaustausch.

Wer Freunde haben möchte, muss selbst freundlich sein.

Es hängt von dir ab

Ist dies schwer in die Tat umzusetzen?

Leichter gesagt als getan?

Alles Lohnenswerte lässt sich leichter sagen als tun.

Genau deswegen ist es so befriedigend, wenn man es getan hat.

Du musst dir besondere Mühe geben. Wenn du etwas von dir gibst, wirst du größere Befriedigung und Freude verspüren.

Es liegt bei dir, dich anzustrengen, um die Einsamkeit, die dich beherrschen will, zu vertreiben.

Ein Autor schrieb in der Zeitschrift *Modern Maturity:*

„Niemand sonst ist dafür verantwortlich, dass du einsam bist, aber *du* kannst etwas dagegen unternehmen.

Du kannst dein Leben schon durch eine einzige Freundschaft bereichern.

Du kannst jemandem vergeben, von dem du meinst, er habe dich verletzt. Du kannst einen Brief schreiben oder ein Telefongespräch führen. Nur du kannst dein Leben ändern. Es gibt keinen anderen Menschen, der das für dich tun kann."

Dann zitierte er aus einem Brief, den er erhalten hatte und „der den Nagel auf den Kopf trifft:

,Ich sage den Leuten immer, dass sie allein es in der Hand haben, sich selbst vor der Einsamkeit oder dem Unerfüllt sein zu bewahren. Packen wir's an!' "

Zu den hilfreichen Freunden müssen nicht unbedingt nur Menschen zählen.

Ein Tierarzt sagte:

„Für ältere Menschen stellen nicht körperliche Leiden das größte Problem dar, sondern die Einsamkeit und die Ablehnung, die sie erfahren.

Haustiere (auch Hunde) geben dem Leben Älterer durch ihre ... Gesellschaft in einer Zeit Sinn und Bedeutung, in der sich diese oft von der Gesellschaft entfremdet haben."

In der Zeitschrift *Better Homes and Gardens* war zu lesen:

„Haustiere sind bei der Behandlung psychisch Gestörter hilfreich; sie motivieren körperlich Kranke, Behinderte und Invaliden, und sie geben einsamen und älteren Menschen neuen Lebensmut."

In einem anderen Artikel dieser Zeitschrift hieß es über Menschen, deren Interesse an Haustieren wieder geweckt worden war:

„Die Angstgefühle der Patienten ließen nach, und sie konnten ihren Heimtieren Liebe zeigen, ohne Ablehnung befürchten zu müssen. Später öffneten sie sich auch Menschen, indem sie sich zuerst über die Pflege ihrer Heimtiere unterhielten. Sie entwickelten ein Verantwortungsgefühl. Sie hatten das Empfinden, gebraucht zu werden."

Nur allzu oft nimmt sich ein unter Einsamkeit leidender Mensch nicht genug zusammen, um sich selbst zu helfen und aus seinem Verzweiflungstief herauszukommen.

Er verspürt eine gewisse Trägheit, einen Widerwillen, so große Anstrengungen zu unternehmen; begreift er jedoch den wahren Grund für seine Einsamkeit, wird ihm nichts anderes übrigbleiben.

Dr. James Lynch schrieb über die menschliche Neigung, sich Ratschlägen zu widersetzen, die man schwer akzeptieren kann:

„Der Mensch neigt im allgemeinen dazu, sich Informationen, die ihm missfallen, gar nicht erst anzuhören, oder er lässt sie zumindest in seinem Verhalten unberücksichtigt."

Jemand möchte seiner Einsamkeit vielleicht entkommen, aber möglicherweise ist er nicht bereit, die nötige Willenskraft aufzubringen.

Gib deinem Leben einen Sinn

Es kommt darauf an, dem Leben einen Sinn zu geben.

Wenn du weißt, dass dein Leben einen gewissen Sinn hat, wird dich das anspornen, diesem Sinn entsprechend zu handeln.

Dann wirst du nicht so leicht von dem Gefühl bedrückender Einsamkeit übermannt werden.

Das wird in Viktor Frankls Buch *Man's Search for Meaning* auf interessante Weise dargelegt. In Verbindung damit erwähnt er Häftlinge in den Konzentrationslagern Hitlers. Diejenigen, die keinen Sinn in ihrem Leben sahen, fielen der Einsamkeit zum Opfer, und ihnen fehlte der Lebenswille. Aber „das Wissen um die inneren Werte ist in höheren, mehr spirituellen Dingen verankert und kann durch das Leben im Lager nicht erschüttert werden".

Er fährt fort:

„Das Leiden hört in dem Augenblick in gewissem Sinn auf, Leiden zu sein, wenn es einen Sinn dafür gibt, wie zum Beispiel, wenn es ein Opfer darstellt. . . .

Der Mensch ist nicht so sehr darum bemüht, Vergnügen zu finden oder Schmerzen aus dem Weg zu gehen, sondern vielmehr darum, einen Sinn im Leben zu sehen.

Aus diesem Grund ist er sogar bereit, Leiden auf sich zu nehmen; er muss jedoch die Gewissheit haben, dass sein Leiden nicht sinnlos ist."

Einsame Frauen

Fachleute scheinen sich darin einig zu sein, dass Frauen aller Altersklassen — insbesondere verheiratete — mehr vom Leben erwarten als Männer.

Verständlicherweise fühlen sich Witwen, Geschiedene und ältere alleinstehende Frauen ab und zu einsam. Wie steht es indes um Frauen mit einer Familie, die allem Anschein nach glücklich verheiratet sind? Hören wir uns zum Beispiel an, worüber sich eine 40jährige Lehrerin beklagte: „Mir bleibt keine Zeit für Freunde, und das fehlt mir schrecklich. Doch ich fühle mich unwohl, wenn ich das sage. Denn warum sollte ich mich über Einsamkeit beklagen . . .? Schließlich bin ich glücklich verheiratet, habe reizende Kinder, ein wunderschönes Zuhause und eine Arbeit, die mir

Freude macht. Ich bin stolz auf das, was ich erreicht habe. Aber irgendetwas fehlt.

Obwohl eine Frau ihren Mann wirklich lieben mag und ihm treu ist — und umgekehrt dies auch der Fall ist —, befriedigt diese Liebe nicht unbedingt vollständig ihr Bedürfnis nach Gemeinschaft.

Die eben zitierte Lehrerin erklärte:

„Mein Mann ist zwar mein bester Freund, aber seine Freundschaft kann keine echten Freundinnen ersetzen. Ein Mann hört sich vielleicht an, was man zu sagen hat, eine Frau hingegen hört wirklich zu. Mein Mann will gar nicht wissen, wie sehr mich ein Problem mitnimmt. Er hat sofort eine Lösung parat. Doch eine Freundin wird mir ihr Ohr leihen. Und manchmal muss ich eben einfach nur reden."

Verliert eine Frau einen geliebten Menschen — sei es durch den Tod oder durch eine Scheidung —, kann sie einen schweren seelischen Schock erleiden.

Dann überfällt sie Einsamkeit.

Die trauernde Witwe oder die Geschiedene sollte nicht nur bei Angehörigen und Freunden Trost suchen, sondern sie muss auch in sich gehen und auf ihre eigene Kraft zurückgreifen, um sich der neuen Realität anzupassen.

Der Verlust wird zwar von nun an ein Teil ihres Lebens sein, doch sie muss sich bewusst werden, dass dies kein Hinderungsgrund sein darf, auch zukünftig ein aktives Leben zu führen.

Wie Experten festgestellt haben, überwinden starke Persönlichkeiten Einsamkeit oft schneller als andere.

Man ist sich allerdings nicht darüber einig, wer mehr leidet — die Witwe oder die Geschiedene.

Die Zeitschrift *50 Plus* berichtete:

„Wann immer wir geschiedene Personen in unsere Selbsthilfegruppe für Verwitwete einladen, diskutieren beide Gruppen heftig über die Frage, wessen Schmerz größer ist. Die Verwitweten sagen zu den Geschiedenen: ‚Euer Partner lebt wenigstens noch!', worauf die Geschiedenen erwidern: ‚Dafür seid ihr aber von niemandem persönlich zurückgewiesen worden. Ihr habt nicht das Gefühl, versagt zu haben.' "

Einsame Männer

Wenn es um Einsamkeit geht, können sich Männer nicht damit brüsten, das stärkere Geschlecht zu sein.

„Männer verarbeiten etwas eher physisch als emotionell", sagte Anne Studner, Expertin in einem Hilfsprogramm für verwitwete Personen im Rahmen der AARP (Amerikanische Seniorenvereinigung).

„Eine Frau spricht immer und immer wieder über ihren Schmerz, ein Mann dagegen versucht, seine Frau zu ersetzen, statt Trauerarbeit zu leisten."

Unter Umständen beginnt ein Mann, der seine Frau verloren hat und einen Berater aufsucht, erst beträchtliche Zeit später, mit diesem nach und nach über seine Gefühle zu sprechen.

Im Gegensatz zu Frauen vertrauen sich Männer eher jemandem vom anderen Geschlecht an, wie Experten außerdem herausgefunden haben.

Dr. Ladd Wheeler von der Universität Rochester, ein Fachmann auf dem Gebiet der Einsamkeit, sagte, ein Mann würde sich einem anderen Mann innerlich nicht genug aufschließen, so dass eine emotionelle Verbindung entstehen könnte.

„Die Tatsache, dass verwitwete oder geschiedene Männer das dringende Bedürfnis verspüren, der bedrückenden emotionellen Isolierung zu entkommen und Gedankenaustausch mit einer Frau zu pflegen, mag unter anderem erklären, warum Männer in der Regel wesentlich schneller wieder heiraten als Frauen" (aus der Zeitschrift *50 Plus*).

Einsame junge Menschen

Es gibt viele Gründe, warum sich Kinder und junge Erwachsene einsam fühlen — oft sind es ähnliche wie im Falle älterer Menschen.

Der Umzug an einen anderen Ort und der damit verbundene Verlust von Freunden;

Schulkameraden in einer neuen Schule, die einen nicht mögen;

der religiöse oder ethnische Hintergrund;

die Scheidung der Eltern;

das Gefühl, von den Eltern nicht geliebt zu werden;

das Empfinden, von Personen des anderen Geschlechts zurückgewiesen zu werden —

all das kann wesentlich zur Einsamkeit beitragen.

Die Jüngeren brauchen Spielgefährten, emotionellen Beistand und Verständnis, Zuneigung und Selbstbestätigung. Sie brauchen die Gewissheit, dass andere zu ihnen stehen und vertrauenswürdig sind. Wenn sie geliebt werden, fühlen sie sich geborgen und lernen, ihrerseits Liebe zu zeigen.

Diese sozialen Stützen können von verschiedenen Seiten geboten werden — von Angehörigen, von Gleichaltrigen oder sogar von Haustieren.

Schüler und Schülerinnen von den untersten bis zu den höchsten Klassen leiden häufig in gleichem Ausmaß unter Einsamkeit;

oftmals kommt es dazu, wenn sie von Gleichaltrigen nicht akzeptiert werden.

„Ich fühl' mich mies, weil ich allein bin und mit niemandem rede", jammerte eine High-School-Schülerin. „Ich höre den Lehrern zu, mache meine Hausaufgaben, und das war's dann. In den Pausen sitz' ich einfach nur herum und male oder mache etwas anderes. Alle unterhalten sich, nur mit mir redet keiner. . . . Mir ist klar, dass ich mich nicht ewig verstecken kann. Aber im Moment weiß ich keine andere Lösung."

Es ist allerdings nicht immer richtig, der Reserviertheit oder dem Snobismus anderer die Schuld zu geben.

Vielleicht fällt es jemandem schwer, sich richtig zu verhalten oder mit anderen auszukommen — er ist extrem schüchtern oder sehr temperamentvoll und viel zu impulsiv, oder er verträgt sich nicht mit Gleichaltrigen.

Auch eine Behinderung kann schlimme Auswirkungen haben; Jugendliche jeden Alters mögen sich aus diesem Grund einsam fühlen, sofern sie keine starke Persönlichkeit haben und nicht aus sich herausgehen.

Die Notwendigkeit, sich selbst zu helfen

Die Gesundheitspädagogin Dolores Delcoma von der California State University in Fullerton erwähnte eine grundlegende Wahrheit, als sie sich über den Versuch eines Mannes äußerte, seine Einsamkeit zu bekämpfen:

„Die Anstrengung muss von ihm selbst kommen. Er muss sein Problem irgendwann begreifen, denn ganz gleich, wie sehr sich andere um ihn bemühen — nur er kann erreichen, dass er mehr aus sich herausgeht."

Laut Dr. Warren Jones sind Menschen, denen es schwerfällt, Verhaltenskorrekturen vorzunehmen, für Einsamkeit anfällig.

Er erklärte:

„Solche Menschen tun unwissentlich Dinge, die sie daran hindern, sich anderen nahe zu fühlen. Einige können nicht zuhören und lassen ihren Gesprächspartner nicht zu Wort kommen. Sie neigen dazu, andere und sich selbst überkritisch zu beurteilen; sie stellen kaum Fragen und zerstören oftmals eine Freundschaft durch gemeine oder geschmacklose Äußerungen."

Außer den Menschen mit zu wenig Selbstachtung gibt es noch diejenigen, denen es am nötigen Geschick im Umgang mit anderen fehlt.

Über sie sagte die Therapeutin Evelyn Moschetta:

„Einsame Menschen sind nicht sehr überzeugt von sich. Da sie von vornherein Ablehnung erwarten, bemühen sie sich erst gar nicht, auf andere zuzugehen."

Entgegen der landläufigen Meinung haben Forscher herausgefunden, dass ältere Frauen und Männer seltener unter Einsamkeit leiden als junge Menschen.

Man weiß nicht genau, warum dies so ist.

Wie man ebenfalls feststellte, ist Einsamkeit unter älteren Menschen nicht so sehr auf einen Mangel an Verwandten, sondern eher auf einen Mangel an Freunden zurückzuführen.

„Es ist nicht so, dass ältere Menschen kein Interesse an ihren Verwandten haben. Schließlich wenden sie sich an diese um Hilfe. Aber ganz gleich, wie *groß* ihre Familie ist und wie sehr sie von ihr unterstützt werden, können sie sich trotzdem schrecklich einsam fühlen, wenn sie keine Freunde haben."

Der Wunsch nach engen Freunden

Manchmal geben enge Freunde einem Menschen, wie alt er auch ist, etwas, was die Familie und Verwandte nicht vermitteln können.

Man braucht einen Freund, einen vertrauten Freund, dem man sich anvertrauen oder offenbaren kann, ohne Angst haben zu müssen, von ihm verletzt zu werden.

Das Gefühl der Einsamkeit kann ohne einen solchen Freund stärker werden.

Über ihn schrieb der amerikanische Essayist Ralph Waldo Emerson:

„Ein Freund ist ein Mensch, vor dem man laut denken kann."

Dieser Freund ist vertrauenswürdig,

man kann sich ihm völlig offenbaren,

ohne Angst vor einem Vertrauensbruch haben zu müssen oder davor,

dass die mitgeteilten Vertraulichkeiten dazu missbraucht werden,

einen in Verruf zu bringen oder vor anderen lächerlich zu machen.

Vielleicht sind einige, die man als treue Gefährten betrachtet hat, dem Vertrauen, das in sie gesetzt wurde, nicht gerecht geworden.

Andere wiederum tun gern so,

als seien sie hart und brauchten niemanden.

Sie behaupten, unabhängig und nicht auf fremde Hilfe angewiesen zu sein.

Trotzdem schließen sie sich oft in Gruppen von „harten Männern" zusammen.

Kinder sind in Vereinen, bauen Vereinshäuser und gründen Banden;

ältere Jugendliche gehören Motorradbanden an;

Kriminelle haben Kumpel, die nicht „singen";

Menschen mit Alkoholproblemen schließen sich den Anonymen Alkoholikern an,

jene mit Gewichtsproblemen gehen zu den Weight Watchers.

Da die Menschen gesellig sind, schließen sie sich zur gegenseitigen Unterstützung zusammen. Selbst wenn es ihnen schlechtgeht, suchen sie Gesellschaft. Und ausnahmslos alle hassen Einsamkeit. Was kann man also gegen Einsamkeit tun?

Wenn man allein im Leben steht

DER fünfzigjährige Witwer sagte zu seinen Freunden, die bemüht waren, wieder eine Frau für ihn zu finden:

„Ich schätze eure Bemühungen, aber ich möchte nicht mehr heiraten. . . . Ich bin zwar nicht auf Rosen gebettet, aber das Alleinsein hat auch seine Vorteile."

Ähnlich dachte Jeanette, die noch immer ledig war. Sie erklärte ihren Eltern:

„Ich weiß, dass ihr es gern hättet, wenn ich heiraten würde. Aber ich bin auch so glücklich."

Natürlich kann es sein, dass du ganz anders denkst. Vielleicht stehst du allein im Leben, bist verwitwet, geschieden, lebst von deinem Ehepartner getrennt oder bist ledig geblieben und leidest unter dem Alleinsein — es belastet und entmutigt dich. Was kannst du tun, um das zu ändern, um zu erwirken, dass dein Leben sinnvoll und lebenswert wird?

Allein im Leben zu stehen ist, wie Millionen Menschen bestätigen können, kein Vergnügen.

Es gibt viele Länder, in denen die Zahl der ledigen, geschiedenen und verwitweten Personen größer ist als die der verheirateten.

Besonders die Zahl der alleinstehenden Frauen ist sehr hoch.

In den Vereinigten Staaten soll schätzungsweise jede sechste Frau über 21 Witwe sein. Und in anderen Ländern ist die Situation noch schlimmer. Es gibt Gegenden, in denen mehr als die Hälfte aller Frauen über 40 verwitwet sind. Außer den Millionen Witwen und Witwern gibt es noch sehr viele Männer und Frauen, die allein im Leben stehen, weil sie geschieden sind.

Du magst aus Erfahrung oder aufgrund von Beobachtungen wissen, dass durch die tragischen Umstände, die dazu führen, dass jemand seinen Partner verliert, alles noch verschlimmert wird.

Dr. Thomas Holmes und seine Mitarbeiter untersuchten „43 Situationen, durch die das Leben eines Menschen mehr oder weniger stark erschüttert wird".

Welche Umstände haben die größte Erschütterung zur Folge?

1. der Tod des Ehegefährten,

2. die Ehescheidung

und

3. die Trennung.

Ein Mensch, der eine solch schmerzliche Erfahrung gemacht hat, sieht sich dann den Problemen gegenüber, die jemand hat, der allein im Leben steht.

Eine Witwe drückte das wie folgt aus:

„Witwe zu sein ist, als würde man in einem Land leben, in dem niemand die eigene Sprache spricht, in einem Land, in dem man wie eine Ausgestoßene behandelt wird."

Einsamkeit

Ist Einsamkeit das Problem, an das du zuerst denkst?

Für sehr viele, die allein im Leben stehen, ist die Einsamkeit das größte Problem.

Sie erscheint ihnen wie ein Ungeheuer, das immer hinter ihnen her ist.

So ergeht es sogar Personen, von denen man annehmen könnte, sie würden mit diesem Problem sehr gut fertig. Als die englische Sozialarbeiterin Lily Pincus ihren Mann verlor, machte sie die Erfahrung, dass sie trotz ihrer Arbeit, ihrer Familie und vieler guter Freunde oft niedergeschlagen war und sich einsam fühlte.

Und wie ergeht es Geschiedenen?

Ein Geschiedener mag sich nach der Scheidung einsam fühlen, selbst wenn seine Ehe zerrüttet war.

Vielleicht ist es dir aufgefallen, dass ein Geschiedener sich oft verlassen vorkommt, weil er wegen seiner Ehescheidung das Gefühl hat, ein Versager zu sein.

Einsamkeit kann tatsächlich ein Problem sein.

Vielleicht denkst du jetzt:

„Ich bin mir darüber im klaren, dass Einsamkeit ein Problem ist.

Aber wie kann ich es lösen?"

Man muss als erstes versuchen, herauszufinden,

<u>was</u> bewirkt,

dass man sich einsam fühlt.

Vielleicht überkommt dich dieses Gefühl am häufigsten, wenn du allein frühstückst oder Abendbrot isst, oder an einem regnerischen Tag oder am **Samstagabend**, weil du bei diesen Gelegenheiten die Zweisamkeit als besonders beglückend empfunden hast.

Sobald du dir darüber im klaren bist, was bewirkt, dass du dir so verlassen vorkommst, kannst du etwas unternehmen, um zu verhindern, dass du dich so häufig und so hoffnungslos einsam fühlst. Ein Mann, der geschieden war, stellte fest, dass ihn immer ein Gefühl der Einsamkeit übermannte, wenn er die dunkle, öde Wohnung betrat.

Was tat er?

„Ich strich den Flur mit einer warmen Farbe und hängte meine Lieblingsbilder darin auf. Dann kaufte ich mir eine Leuchte, und diese lasse ich brennen, wenn ich aus dem Haus gehe.

Ich habe die Erfahrung gemacht, dass das einen günstigen Einfluss auf meine Stimmung hat."

Natürlich mag es bei dir wieder etwas anderes sein, was dieses Gefühl auslöst. Vielleicht beschließt du, einige Bilder oder Andenken wegzutun, die dich an glückliche Zeiten erinnern und jedesmal, wenn du sie betrachtest, in dir ein Gefühl der Einsamkeit wecken.

Es ist auch nützlich, zu erkennen, dass zwischen Alleinsein und Einsamkeit ein Unterschied besteht.

Hast du dich in deinem Leben nicht öfter gefreut, wenn du allein warst, wenn dich niemand gestört hat, so dass du nachdenken, lesen oder „wieder zu dir selbst finden" konntest?

Du warst allein, aber nicht einsam.

Natürlich hattest du allein sein wollen, auch warst du nicht immer allein. Doch das zeigt, dass es auch positive Seiten hat, wenn man allein im Leben steht, die nicht übersehen werden sollten. Verheiratet zu sein bedeutet zwar, zu lieben und geliebt zu werden.

Aber wenn man alleinstehend ist — sei es, weil man unverheiratet bleiben möchte oder weil man unfreiwillig in diese Lage gekommen ist —, hat man den Vorteil,

weniger abgelenkt zu werden.

Ella, eine 34jährige geschiedene New Yorkerin, sagte, das Gefühl, abgelehnt zu werden, überall unerwünscht zu sein, mache ihr zu schaffen.

Quälen dich gelegentlich auch solche Gedanken?

Oder vielleicht glaubst du, du seiest zu nichts mehr nütze.

Bei Monika, einer 31jährigen Witwe, hing in der Küche der Spruch:

„Ich hasse das Kochen."

Ein Ehepaar, das bei ihr zu Besuch war, dachte, sie habe den Spruch aufgehängt, weil sie nicht kochen könne.

Später aber sagten die beiden:

„Wir mussten unsere Meinung ändern. Sie kann ausgezeichnet kochen. Aber nach dem Tod ihres Mannes hatte sie keine Lust mehr dazu. Es war für sie einfach nicht mehr dasselbe."

Mit solchen Gefühlen wird man leichter fertig, wenn man *etwas für andere tut.*

Es gibt auch manches andere, was man tun kann, um das Gefühl der Einsamkeit zu bekämpfen.

Sprich mit jemandem, dem du nicht gleichgültig bist.

Setz dich mit jemandem in Verbindung, mit dem du befreundet oder verwandt bist, mit jemandem, zu dem du Vertrauen hast, und erkläre ihm folgendes:

„Manchmal kann ich das Alleinsein fast nicht mehr ertragen. Dürfte ich dich anrufen, wenn ich mich so ur einsam fühle?"

Auf diesen „heißen Draht" kannst du jeweils zurückgreifen, um Kraft zu schöpfen, wenn du — wie gelegentlich jeder von uns — niedergeschlagen bist und dich einsam fühlst.

Und demjenigen, den du um diesen Freundschaftsdienst bittest, wird es sehr wahrscheinlich Freude bereiten, dir in dieser Weise zu helfen.

Aber du solltest auch *etwas tun, was dich interessiert und was deine Kräfte beansprucht.*

Hast du schon einmal daran gedacht, dir einen Garten zuzulegen?

Wenn ja, dann leg dir doch auch einen zu.

Oder hast du schon immer die Absicht gehabt, dein Wohnzimmer neu zu tapezieren?

Dann tu es doch.

Widme dich einem Hobby oder irgend etwas anderem, was dich besonders interessiert.

Nimm Sprachunterricht, oder lerne ein Musikinstrument spielen, oder beginne mit einem Fitnessprogramm.

Lebenssorgen

Viele Personen, die allein im Leben stehen, sagen, dass die finanziellen Sorgen eine echte Belastung sind.

Geht es dir auch so?

Manche Frauen kümmern sich, solange ihr Mann lebt, nicht um die Finanzen. Aber nach seinem Tod müssen sie sich den Lebensunterhalt selbst verdienen, müssen Raten zahlen und sich um Versicherungen und andere, ähnliche Dinge kümmern.

Das kann eine schwere Last sein.

Für das Problem, sich selbst ernähren zu müssen, gibt es keine Standardlösung.

Es ist jedoch zu empfehlen, in dieser Hinsicht sowie in anderen finanziellen Fragen Freunde oder Verwandte um Rat zu bitten.

Sie werden gern bereit sein, dir beizustehen.

Wende dich an Personen, von denen du weißt, dass sie ausgeglichen sind und ein gutes Urteil haben, und erkläre ihnen deine Lage.

Sie können und sollen nicht für dich entscheiden.

Aber du kannst dich mit einem Ehepaar darüber beraten, was für Arbeit du annehmen solltest und wie die Raten, die Steuern und die Versicherungen zu bezahlen sind. Wenn du ein Ehepaar und nicht nur einen verheirateten Mann ansprichst, vermeidest du ein Problem, das sich die eine oder andere Witwe aufgeladen hat. Du wirst dann nicht als jemand erscheinen, der einer Frau „den Mann ausspannen will".

Und wahrscheinlich wird es für dieses Ehepaar ganz gut sein, wenn es gemeinsam über diese Fragen berät.

Folgende Warnung ist hier am Platz:

Triff weder in finanziellen noch in anderen Fragen übereilt, d. h., wenn du noch von dem Schmerz, deinen Lebensgefährten verloren zu haben, wie betäubt bist, eine Entscheidung.

Eine Frau hatte nach dem Tod ihres Mannes Angst, allein in ihrem Haus zu wohnen. Daher verkaufte sie es, fuhr weit weg und bezog einen Wohnwagen. Auf diese Weise trennte sie sich von ihren Freunden, mit denen sie bis dahin eng verbunden gewesen war und die ihr nur zu gern geholfen hätten.

Jetzt erkennt sie, dass es besser gewesen wäre, alles zuerst zu besprechen.

Ihre Freunde hätten ihr wahrscheinlich behilflich sein können, in einem Viertel, wo nicht so oft eingebrochen wird, eine Wohnung zu bekommen oder jemand zu finden, der gern einen Untermieter und Gefährten gehabt hätte.

Ein Mensch, der allein im Leben steht, hat die Freiheit, selbst zu entscheiden, aber gewöhnlich ist es weise, wenn er nichts übereilt tut, sondern erst Personen um Rat fragt, die an seinem Wohl interessiert sind.

Wer allein im Leben steht, sollte sich davor hüten, sich selbst zu bemitleiden.

Erkenne an,

dass das Leben, das du jetzt führst, gewisse Vorteile hat, auch wenn es dir vielleicht lieber wäre, du hättest eine Familie.

Als Vorteil wäre zu erwähnen,

dass du für dich allein bist, dass du Zeit hast,

deine Talente zu entwickeln und dich besonderen Interessengebieten zu widmen,

dass du die Freiheit hast, selbst zu entscheiden und neue Freundschaften zu schließen sowie anderen Gutes zu tun.

Selbstverständlich ist das Leben eines Alleinstehenden nicht problemlos. Doch du kannst diese Schwierigkeit dadurch meistern, dass du Anstrengungen machst und ein produktives Leben führst.

Ein leeres „Nest"

„FÜR viele von uns ist die endgültige Trennung ein Schock", gestand eine Mutter, „ganz egal, wie gut wir darauf vorbereitet sind."

So unausweichlich der Auszug eines Kindes auch sein mag, wenn es dann tatsächlich soweit ist, kann es schwer sein, damit fertig zu werden.

Ein Vater sagte über seine Reaktion nach dem Abschied von seinem Sohn: „Zum ersten Mal in meinem Leben . . . habe ich geweint und geweint und geweint."

Der Abschied von den Kindern hinterlässt im Leben vieler Eltern eine große Leere, er reißt eine klaffende Wunde.

Ohne den tagtäglichen Kontakt mit den Kindern verspüren einige intensive Gefühle der Einsamkeit, des Schmerzes und des Verlusts.

Und die Eltern sind womöglich nicht die einzigen, die eine schwere Zeit durchmachen.

Edward und Avril geben zu bedenken:

„Wenn noch mehr Kinder im Haus sind, werden sie den Verlust ebenfalls empfinden."

Wozu rät dieses Ehepaar?

„Man sollte ihnen Zeit widmen und Verständnis zeigen. Das hilft ihnen, sich auf die neue Situation einzustellen."

Ja, das Leben geht weiter.

Falls man noch für andere Kinder zu sorgen hat — von Beruf und Hausarbeit ganz zu schweigen —, kann man es sich nicht erlauben, in Trauer zu versinken. Sehen wir uns deshalb einige Möglichkeiten an, wie man ein glückliches Leben führen kann, wenn die Kinder das Haus verlassen haben.

Sich auf die positiven Seiten konzentrieren

Wenn man traurig ist oder sich einsam fühlt und das Bedürfnis hat, sich bei jemandem, der einem vertraut ist und mitfühlen kann, auszuweinen oder auszusprechen, sollte man das natürlich auf jeden Fall tun.

Manchmal können einem andere zu einer neuen Sichtweise verhelfen.

Waldemar und Marianne raten zum Beispiel:

„Man sollte die Situation nicht als Verlust sehen, sondern als erreichtes Ziel."

Wirklich eine positive Sichtweise!

„Wir freuen uns, dass wir unsere Jungen zu verantwortungsbewussten Erwachsenen erziehen konnten", sagen Rudolf und Hilde.

Man hört nicht auf, Vater oder Mutter zu sein

Der Abschied von den Kindern kündigt zwar eine einschneidende Veränderung an, doch damit ist das Elternsein nicht beendet.

Der Psychologe Howard Halpern sagt dazu: „Man ist bis zum Tag seines Todes Vater oder Mutter, aber das Geben und Umsorgen muss neu definiert werden."

Ja, Eltern können, selbst wenn sie „alt geworden" sind und ihre Kinder erwachsen sind, noch wesentlich auf das Leben ihrer Kinder Einfluss nehmen.

Natürlich wird sich einiges ändern müssen.

Doch alle Beziehungen brauchen von Zeit zu Zeit eine Neuorientierung, um lebendig und befriedigend zu bleiben.

Deshalb sollte das Verhältnis zu den erwachsenen Kindern auch mehr auf der Erwachsenenebene fortgesetzt werden.

Interessanterweise lassen Studien erkennen, dass sich die Eltern-Kind-Beziehung nach dem Auszug der Kinder oft *verbessert.*

Mit den Belastungen der Realität konfrontiert, beginnen die Kinder oft, ihre Eltern in einem neuen Licht zu sehen.

Hartmut, ein Mann aus Deutschland, sagt:

„Jetzt verstehe ich meine Eltern besser, und mir ist klar, warum sie manchmal gar nicht anders handeln konnten."

Sich nicht einmischen

Sich in das Privatleben seines erwachsenen Kindes einzumischen kann allerdings großen Schaden anrichten.

Eine Frau, die zu ihren Schwiegereltern ein sehr gespanntes Verhältnis hat, beklagt sich:

„Wir haben sie lieb, aber wir möchten einfach unser eigenes Leben leben und unsere Entscheidungen selbst treffen."

Sicher werden liebende Eltern nicht tatenlos mit ansehen, wie ihr erwachsenes Kind ins Unglück rennt. Aber normalerweise ist es am besten, nicht ungebeten Rat zu geben, so klug oder gut gemeint er auch sein mag.

Das gilt nach der Heirat der Kinder um so mehr.

Du [solltest] dich mit deiner **neuen** *Rolle* abfinden.

Wenn dein Baby in das Kleinkindalter kommt, hörst du auf, es zu füttern. So musst du auch aufhören, deine Kinder zu bemuttern, wenn sie erwachsen sind. Du darfst ihnen höchstens noch mit *Rat* zur Seite stehen. Erwachsene Kinder zu bemuttern wäre so unangebracht, wie wenn man sie Bäuerchen machen ließe oder sie stillen würde. Aber auch bei deinem Bemühen, ihnen mit Rat zur Seite zu stehen, sind dir Grenzen gesetzt. Zum Beispiel darfst du dich nicht mehr auf deine elterliche Autorität berufen. (,Tu, was ich dir sage!') Vielmehr musst du das Recht des Kindes, jetzt als Erwachsener behandelt zu werden, respektieren.

Ein Neubeginn für die Ehe

Vielen Ehepaaren kann das leere „Nest" die Möglichkeit eines glücklicheren Ehelebens eröffnen.

Eine erfolgreiche Kindererziehung kann so zeit- und kraftraubend sein, dass Paare darüber ihre eigene Beziehung vernachlässigen.

Eine Ehefrau sagt:

„Jetzt, wo die Kinder weg sind, versuchen Konrad und ich, uns noch einmal ganz neu kennenzulernen."

Von den täglichen Pflichten des Elternseins befreit, hat man nun vielleicht mehr Zeit füreinander.

Eine Mutter stellt fest:

„Durch diese neugewonnene Freizeit ... können wir uns mehr darauf konzentrieren, wer wir sind, mehr über unsere Beziehungen zu anderen lernen und uns Tätigkeiten zuwenden, die unseren Bedürfnissen entgegenkommen."

Sie fügt hinzu:

„Es ist eine Zeit, in der man Neues lernt und über sich selbst hinauswächst, und obwohl einen solche Zeiten aus der Bahn werfen können, geben sie einem auch neuen Schwung."

Manche Ehepaare haben zudem größere finanzielle Freiheit.

Hobbys und Lebensziele, die man auf Eis gelegt hat, kann man nun weiterverfolgen.

Alleinerziehende, die loslassen müssen

Für Alleinerziehende ist es oft besonders schwierig, sich an das verlassene „Nest" zu gewöhnen.

Rebecca, eine alleinerziehende Mutter von zwei Kindern, erklärt: „Wenn unsere Kinder fortgehen, haben wir keinen Mann, der uns Gesellschaft leistet und uns Liebe schenkt."

Einem Alleinerziehenden geben die Kinder oft emotionellen Halt. Und wenn sie etwas zum Haushaltsgeld beigesteuert haben, kann ihr Weggang außerdem eine finanzielle Härte bedeuten.

Einigen gelingt es, ihre wirtschaftliche Situation durch berufliche Fortbildungsprogramme oder kurzzeitige Kurse zu verbessern.

Loslassen und dabei glücklich sein

In was für einer Situation man sich auch immer befindet, man sollte sich darüber im klaren sein, dass das Leben mit dem Auszug der Kinder nicht endet.

Auch die Familienbande lösen sich nicht auf.

Interessanterweise sind die Kinder, sobald sich Trennungsschmerz und Heimweh einstellen oder ihnen der wirtschaftliche Druck im Nacken sitzt, oft die ersten, die den Kontakt wiederherstellen.

Hans und Ingrid raten dazu, „den Kindern die Gewissheit zu geben, dass das Elternhaus immer für sie offensteht".

Regelmäßige Besuche, Briefe oder gelegentliche Anrufe helfen, in Berührung zu bleiben.

„Es ist gut, sich für das zu interessieren, was sie tun, ohne sich in ihre Angelegenheiten einzumischen", sagen Jack und Nora.

Wenn die Kinder weggehen, verändert sich das Leben.

Aber das Leben in dem leeren „Nest" kann ausgefüllt, produktiv und befriedigend sein.

Auch die Beziehung zu den Kindern verändert sich.

Und doch kann es eine schöne und befriedigende Beziehung sein. „Das Erreichen der Unabhängigkeit von den Eltern", so die Professoren Geoffrey Leigh und Gary Peterson, „ist nicht gleichbedeutend mit dem Verlust der

Liebe und Loyalität oder der Achtung vor den Eltern. . . . Tatsache ist, dass starke Familienbande oft ein Leben lang halten."

Ja, man hört nie auf, seine Kinder zu lieben, und man hört nie auf, ihr Vater oder ihre Mutter zu sein. Und gerade weil man seine Kinder genug liebt, um sie loszulassen, hat man sie in Wirklichkeit nicht verloren.

Warum wählt manch einer den Freitod?

FINDEST du es immer schwieriger, deine Probleme zu meistern?

Auch du kannst das Leben meistern. Allerdings zeigen die Tatsachen, dass immer mehr Menschen vor dieser Aufgabe kapitulieren.

In der Bundesrepublik Deutschland werden jährlich über 13 000 Selbstmorde verübt und etwa 20 000 Selbstmordversuche unternommen. In den Vereinigten Staaten beträgt die jährliche Zahl der Selbstmorde 25 000, und die der Selbstmordversuche wird auf mehrere 100 000 geschätzt.

Es gibt Länder mit einer noch höheren Selbstmordrate als die Bundesrepublik Deutschland oder die Vereinigten Staaten. Weltweit gesehen, sind die Zahlen in alarmierendem Maße gestiegen. Lebensmüde gibt es sowohl unter den Reichen als auch unter den Armen — und ihre Zahl wächst und wächst.

Warum glauben so viele, das Leben nicht mehr meistern zu können?

„Dafür gibt es **drei** Ursachen:

Glücklosigkeit, Hilflosigkeit und Hoffnungslosigkeit",

antwortet Dr. Calvin J. Frederick vom US-Institut für Psychohygiene, Abteilung Krisenintervention.

Dem potentiellen Selbstmordkandidaten geht anscheinend alles schief.

Er hat das Gefühl, der Gegenwart nicht mehr gewachsen zu sein, und glaubt nicht, dass sich in Zukunft etwas zu seinen Gunsten ändern werde.

Was führt zu solcher Hoffnungslosigkeit?

Es gibt verschiedene Gründe.

Tiefste *Armut* treibt manchen zur Verzweiflung.

Viele Leute sind so arm, dass sie ihr Dasein nur mit Mühe fristen können, ja dass es für sie ein ständiger Kampf ist, sich und die Familie zu ernähren.

Und manch einer, der glaubt, nicht mit ansehen zu können, wie seine Familie langsam verhungert, wählt als Ausweg den Selbstmord.

Es gibt aber auch viele, die es schwierig finden, mit einer *chronischen, schmerzhaften Krankheit* fertig zu werden.

Der Gedanke, tagtäglich mit Schmerzen leben zu müssen, treibt den einen oder anderen dazu, seinem Leben ein Ende zu machen und damit auch seinen Leiden. Um solchen Personen behilflich zu sein, wurde vor noch nicht allzu langer Zeit ein Buch herausgegeben, das die Presse als „das erste Handbuch der Welt, das Tips gibt, wie man sich sicher und schmerzlos das Leben nehmen kann", beschrieb.

Auf einen weiteren Grund wies eine Sprecherin des Samariterbundes hin, einer englischen Organisation zur Verhütung von Selbstmorden.

Sie erklärte:

„Immer mehr Menschen werden depressiv, und ein Grund dafür mag die *Arbeitslosigkeit* sein" (Kursivschrift vom Autor).

Ein Beispiel:

Jugendliche, die aus der Schule kommen und keine Arbeit finden, sowie Ältere, die abgeschoben worden sind, haben das gleiche Gefühl, nämlich abgelehnt zu werden.

Ein solches Gefühl der Frustration führt schnell zu schweren Depressionen.

Die Fürsorge- oder Arbeitslosenunterstützung löst dieses Problem nicht.

Man denke an den Familienvater, der die Arbeit verliert, die es ihm jahrelang ermöglicht hat, seine Familie zu ernähren. Täglich sucht er nun den Stellenanzeiger durch. Er stellt sich immer und immer wieder vor, bekommt aber keine Arbeit.

Doch die Familie will ernährt sein.

Die Rechnungen häufen sich.

Natürlich ist es nicht leicht, mit einer solchen Situation fertig zu werden.

Einsamkeit ist für viele ein Problem, dem sie sich nicht gewachsen fühlen. Jahrelang waren sie glücklich verheiratet, doch dann starb der Ehepartner. **Für manche ist der Gedanke, ohne den Partner leben zu müssen, unerträglich.**

Manche Forscher sind der Meinung, bei älteren Personen sei der Selbstmord eine Reaktion auf *eine Reihe von Verlusten:*

ihr Ehegefährte ist gestorben;

ihre Kinder haben das Elternhaus verlassen;

sie gehen in Rente oder werden dazu gezwungen;

sie müssen mit einer bestimmten Summe auskommen, während die Preise ständig steigen;

ihr Erinnerungsvermögen lässt nach;

ihre Kräfte verfallen allmählich;

sie verlieren die Selbstachtung, weil sie immer stärker von anderen abhängig werden.

So scheiden sie freiwillig aus dem Leben, um anderen nicht zur Last zu fallen oder um nicht den Rest ihres Lebens in einem Pflegeheim zubringen zu müssen.

Kinder- und Jugendselbstmorde — Warum?

Am alarmierensten ist der Anstieg der Kinder- und Jugendselbstmorde.

In der Bundesrepublik Deutschland legen in *einem Jahr* etwa 800 Kinder und Jugendliche Hand an sich selbst;

in den Vereinigten Staaten unternehmen schätzungsweise *jede Stunde* 57 einen Selbstmordversuch. In Kanada stieg die Zahl der Jugendselbstmorde seit den 1950er Jahren um das Vierfache. Ähnliche Tendenzen werden aus Japan und Schweden berichtet. Warum glauben so viele junge Menschen, das Leben nicht mehr meistern zu können?

Als einer der Hauptgründe wird die *hoffnungslose Zukunft* genannt.

Dr. Diane Syer, Leiterin des Kriseninterventionsteams des East-General-Krankenhauses in Toronto, sagte, dass junge Leute, die sich das Leben nehmen wollen, das Gefühl hätten,

„ihre Welt werde nicht mehr besser und deshalb habe es keinen Sinn weiterzuleben".

Der an den Schulen und Universitäten herrschende Leistungs- und Notenkult treibt ebenfalls viele junge Leute zur Verzweiflung.

In der Bundesrepublik Deutschland und in Japan nehmen sich viele Jugendliche das Leben, weil sie sich dem *schulischen Leistungsdruck* nicht mehr gewachsen fühlen.

Manchmal sind es die Eltern, die die Kinder unter Druck setzen und von ihnen nicht nur erwarten, dass sie lernen, sondern dass sie sich darin hervortun. Viele zwingen ihre Kinder ohne Rücksicht auf ihre Fähigkeiten oder ihre Neigungen, einen bestimmten Beruf zu ergreifen. Dr. Richard Seiden von der Universität von Kalifornien sagte: „Es gibt Eltern, die ihre Kinder zu Leistungen anspornen, um ihr Gefühl der eigenen Unzulänglichkeit zu kompensieren."

Viele Forscher sind der Meinung, dass ein weiterer wichtiger Grund *zerrüttete Familienverhältnisse* sind.

Wenn sich die Eltern scheiden lassen, glaubt manch ein Kind, es sei schuld an der Scheidung.

Aber nicht nur das macht das Kind unsicher, sondern auch die Freizügigkeit der Erwachsenen. Die jungen Menschen müssen selbst entscheiden, wie sie sich in bezug auf Sex, Drogen und Alkohol verhalten wollen, sind dieser Anforderung aber gar nicht gewachsen. Sie sehen in dieser Freizügigkeit einen Mangel an elterlichem Interesse. Deshalb kommen einige auf den Gedanken, ihren Eltern würde es ohne sie bessergehen.

„Ein weiterer Faktor ist die ***Entwertung des Lebens***",

erklärte Dr. Herbert Hendin, außerordentlicher Professor der Psychiatrie an der Columbia-Universität in New York (Kursivschrift vom Autor).

Was trägt zur „Entwertung des Lebens" bei?

„Im Alter von 15 Jahren hat ein Jugendlicher im Fernsehen bereits 14 000 Morde oder andere Gewaltakte erlebt", sagte Dr. Seiden.

Dazu kommen noch die Schlager, in denen das Thema „Selbstmord" besungen wird.

Sehr häufig sagen Angehörige oder Freunde eines Selbstmörders:

„Wenn ich es nur gewusst hätte . . ." Gibt es Anzeichen dafür, dass ein Familienglied glaubt, das Leben nicht mehr meistern zu können?

Wie kann man ihm helfen?

Hilfe — Von wem? Von wo?

Es ist wichtig, zu erkennen, dass die Art und Weise, wie wir unsere Mitmenschen — unsere Angehörigen und unsere Freunde — behandeln, viel dazu beiträgt, ob ihnen das Leben lebenswert erscheint oder nicht.

Eine 16jährige, die sich mit Selbstmordgedanken getragen hatte, schrieb:

„Vielleicht würde es uns allen bessergehen, wenn Eltern und Kinder freundlicher zueinander wären, wenn die Lehrer verständnisvoller wären, wenn es weniger Streberei gäbe und wenn wir uns mehr auf echte Freundschaften und weniger auf den Sex konzentrieren würden."

Aber wo kann jemand Hilfe erhalten, wenn ihm das Leben nicht mehr lebenswert erscheint?

Kindern und Jugendlichen sollten selbstverständlich die Eltern helfen.

Aber auch Erwachsene, die mit dem Leben nicht mehr fertig werden, brauchen jemand, an den sie sich wenden können, von dem sie wissen, dass er sie versteht, an jemand, der ihnen vernünftigen und praktischen Rat gibt.

Was verrät, dass ein Angehöriger sich mit dem Gedanken trägt, sein Leben wegzuwerfen?

Fachleute weisen auf folgende Alarmzeichen hin, die der Tat vorausgehen:

Selbstmordandrohungen;

Selbstisolierung;

plötzliche Verhaltensänderung,

zum Beispiel, wenn eine mitteilsame Person plötzlich in sich gekehrt ist;

wenn jemand Dinge, die ihm bisher lieb und teuer waren, weggibt;

depressives Verhalten.

Auch Schlafstörungen, Essstörungen und Vernachlässigung der Schularbeiten sollten nicht übersehen werden,

wenn diese Symptome plötzlich auftreten,

länger anhalten und für den Betreffenden nicht charakteristisch sind.

Doch wie kann man helfen?

„Es kann schon von Nutzen sein, wenn man sich geduldig hinsetzt und dem Hilfsbedürftigen Gelegenheit gibt, sich auszusprechen", schrieb der Selbstmordforscher Dr. Mark Solomon.

Bekunde Anteilnahme.

Sage nicht:

„Ach, deine Probleme können doch nicht *so* ernster Natur sein."

Sei bereit zuzuhören.

Mache Lösungsvorschläge;

hilf ihm erkennen, dass sich seine Situation ändern lässt.

Schrecke nicht davor zurück, offen mit ihm zu reden.

Das mag ihm helfen, sich dir anzuvertrauen.

Manche, die bei ihren Angehörigen kein williges Ohr finden, wenden sich an Selbstmordverhütungs- oder an Kriseninterventionszentren.

Einige dieser Einrichtungen verfügen über ein „Sorgentelefon", das 24 Stunden in Betrieb ist.

Ein Selbstmordverhütungszentrum in Los Angeles (USA) beantwortet in einem Jahr etwa 18 000 Anrufe. In England notierte der Samariterbund im Jahre 1979 — in jenem Jahr wurden 4 192 Selbstmorde begangen — 1 500 000 Telefonanrufe.

In vielen europäischen Städten werden im Rahmen der Telefonseelsorge Aussprachemöglichkeiten und Beratung für potentielle Selbstmörder geboten.

Die erwähnten Zentren bemühen sich nicht nur, das Leben des Anrufers zu retten, sondern verweisen ihn auch an gewisse Stellen, wo man ihm helfen wird, seine Probleme zu lösen. Sie mögen ihn an einen Beratungsdienst verweisen, ja ihm vielleicht sogar behilflich sein, jemand für die Betreuung der Kinder zu erhalten oder eine Stelle zu finden.

Du wirst es meistern!

Bist du wegen eines oder mehrerer der erwähnten Probleme bedrückt, deprimiert?

Hast du je das Gefühl gehabt, weiterzuleben habe keinen Sinn mehr?

Dein Kummer mag zu einem Teil berechtigt sein.

Aber verzweifle nicht — du wirst damit fertig!

Wie?

Bemühe dich, positiv zu denken.

Für die meisten Probleme gibt es eine Lösung.

Wenn du für deine Probleme keine Lösung siehst, warum dich nicht jemandem anvertrauen, den du kennst und dessen Rat du respektierst?

Eine ältere, mitfühlende Person, mit der du befreundet bist, hat vielleicht ähnliche Schwierigkeiten gehabt und sie überwunden.

Möglicherweise gibt es eine ganz einfache Lösung.

Manchmal ist es notwendig, lediglich seine Einstellung zu ändern.

Ist Arbeitslosigkeit zum Beispiel die Ursache deiner Depressionen?

Hast du dich vielleicht vergeblich bemüht, eine andere Arbeit zu finden?

Was für eine Arbeit suchst du?

Möchtest du die gleiche Stellung haben, die du verloren hast, und das gleiche Gehalt?

Vielleicht wäre es besser, deinen Stolz zu überwinden und eine Arbeit anzunehmen, die nicht ganz so gut bezahlt wird wie die, die du hattest, oder sogar eine, die schlecht bezahlt wird.

Ist Einsamkeit dein Problem?

Dann kapsle dich nicht ab.

Bemühe dich, dich nicht selbst zu bemitleiden.

Von der Geburt bis ins hohe Alter braucht der Mensch Liebe

Die Liebe ist das, was wir am dringendsten brauchen. Babys sterben, wenn ihnen keine Liebe geschenkt wird. Ältere Menschen siechen dahin, wenn sie keine Liebe erhalten. Mangel an Liebe ist ein Nährboden für Krankheiten. Über die Liebe wurden Bände geschrieben. Auf der Suche nach Liebe treffen sich Menschen in Gruppen, um sich zu berühren und zu umarmen. In Filmen und Theaterstücken wird die Liebe verdreht dargestellt und herabgewürdigt. Einige verwechseln in ihrer Unwissenheit Sex mit Liebe. Eine verderbte, gewalttätige Welt lehnt die einzige Art Liebe, die sie retten könnte, als nicht realisierbar ab. Doch gerade diese rettende Liebe ist das, was wir am dringendsten brauchen.

BEI einer Fachtagung, auf der über zwischenmenschliche Beziehungen gesprochen wurde, erzählte der Redner von einer Krankenhausstation, wo Säuglinge lagen, die keine Eltern hatten.

Die meisten Kinder in der langen Reihe von Bettchen wurden krank; einige starben sogar. Nur der Säugling im letzten Bettchen der Reihe gedieh prächtig.

Dies bereitete dem Arzt Kopfzerbrechen.

Alle Säuglinge wurden gefüttert und gebadet und hatten warme Bettchen — es wurde kein Unterschied in ihrer Pflege gemacht.

Aber nur das Baby im letzten Bettchen gedieh.

Monate vergingen, es wurden neue Säuglinge hereingebracht, und es war immer das gleiche:

Nur dem Baby im letzten Bettchen ging es ausgezeichnet.

Schließlich versteckte sich der Arzt einmal, um die Babys über Nacht zu beobachten.

Gegen Mitternacht kam die Reinemachefrau und schrubbte auf den Knien den Boden von einem Ende des Saales bis zum anderen.

Als sie fertig war, stand sie auf, streckte sich und rieb sich den Rücken. Dann ging sie ans letzte Bettchen, nahm das Baby heraus, trug es im Saal umher, liebkoste es, sprach mit ihm und wiegte es in den Armen.

Sie legte es in das Bettchen zurück und ging.

Der Arzt sah auch in der nächsten und in der übernächsten Nacht zu. Jedesmal spielte sich das gleiche ab.

Es war immer das Baby im letzten Bettchen, das herausgenommen und liebkost wurde und mit dem gesprochen wurde — das Liebe empfing.

Und bei allen neuen Gruppen von Säuglingen, die kamen, war es immer das Baby im letzten Bettchen, das prächtig gedieh, während die anderen kränkelten und einige sogar starben.

In der Zeitschrift *Psychology Today* hieß es:

„Wenn das Kind in der Zeit, in der sich das Gehirn entwickelt, gewisse Arten von Sinnesempfindungen entbehren muss — wenn die Mutter es nicht herzt und schaukelt —, bilden sich die neuronalen Systeme, die die Gemütsbewegungen steuern, nur unvollständig aus, oder es entstehen Schäden."

Ein Baby lernt zu lieben, wenn es eine liebevolle Mutter hat. Schon kurz nach der Geburt besteht eine Bindung zwischen Mutter und Kind. Später wird diese Bindung durch den Austausch von Liebkosungen aufrechterhalten, wie dies auf Seite 102 des Buches *Das Familienleben glücklich gestalten* gezeigt wird:

„Die Mutter beugt sich über das Baby, wenn es in seinem Bettchen liegt, legt ihre Hand auf seine Brust und schaukelt es sanft, während sie mit ihrem Gesicht das seine berührt und sagt: ‚Ja wo ist denn mein Kleines?'

Das Baby weiß natürlich nicht, was die Worte bedeuten (die sowieso nicht besonders logisch sind).

Aber es zappelt und jauchzt vor Vergnügen, denn es erkennt an der spielenden Hand und am Ton der Stimme, dass seine Mutter eigentlich zu ihm sagt:

,Ich liebe dich!'

Es ist beruhigt und fühlt sich geborgen.

Babys und Kleinkinder, die Liebe empfangen, schätzen dies, und sie ahmen diese Liebe nach, indem sie ihre Ärmchen um den Hals der Mutter legen und sie begeistert küssen.

Es gefällt ihnen, wenn sie darauf von der Mutter geherzt werden.

Sie beginnen zu lernen, dass es nicht nur beglückend ist, Liebe zu empfangen, sondern auch Liebe zu schenken.

Das Liebesbedürfnis von Babys ist im Laufe der Jahre durch zahlreiche Studien nachgewiesen worden.

In der Zeitschrift *Scientific American* wurde folgender Bericht veröffentlicht:

„René Spitz vom Psychoanalytischen Institut in New York und seine Mitarbeiterin Katherine Wolf fertigten von 91 Findelkindern aus dem Osten der USA und aus Kanada eine Lebensbeschreibung an. Sie stellten fest, dass die Kinder durchweg einen verängstigten und traurigen Eindruck machten. Ihre körperliche Entwicklung hatte sich verzögert, und sie nahmen nicht normal zu oder verloren sogar an Gewicht. Perioden von anhaltender Schlaflosigkeit wechselten sich mit Perioden der Regungslosigkeit ab. Wie R. Spitz und K. Wolf berichteten, starben 34 von den 91 Kindern trotz guter Ernährung und gewissenhafter medizinischer Betreuung."

Ein Psychiater aus Florida sagte:

„Ein Kind, das nicht genügend geherzt und gedrückt wird, mag sich zu einer introvertierten, menschenscheuen oder reservierten Person entwickeln. . . . . Körperlicher Kontakt zwischen Eltern und Kind spielt für das Kind eine äußerst wichtige Rolle. Es ist schon vorgekommen, dass Kinder starben, die im ersten Lebensjahr nicht geherzt und gedrückt wurden."

In einem Bericht über die Erkenntnisse von Dr. James Prescott vom Nationalen Gesundheitsdienst der USA hieß es:

„Vom Zeitpunkt der Geburt an wird vielen Amerikanern etwas vorenthalten, was verhüten könnte, dass sie kriminelle, geisteskranke oder gewalttätige Erwachsene werden. Dieses Etwas ist Berührung und körperliche Zuwendung — eine Art ‚sensorischer Genuss', den die Menschen eben so sehr benötigen wie Nahrung."

In der Zeitschrift *Psychology Today* wird dem beigepflichtet. Über das Bedürfnis eines Babys, berührt und gewiegt zu werden, hieß es:

„Da die gleichen Systeme die Gehirnzentren beeinflussen, die gewalttätiges Verhalten auslösen, . . . mag das Kind, dem diese Zuwendung vorenthalten wird, später Schwierigkeiten haben, seine Impulse zur Aggressivität zu beherrschen."

In dem *Journal of Lifetime Living* wurde gesagt:

„Die Psychiater sind in ihrem Kampf gegen psychische Erkrankungen letztendlich zu dem Schluss gekommen, dass die Hauptwurzel dieser Krankheiten das **Ungeliebt sein** ist. Die Kinderpsychologen, die sich darüber streiten, ob man Babys nach Plan oder auf Verlangen füttern soll, ob man Kinder schlagen darf oder nicht, haben festgestellt, dass all das kaum von Bedeutung ist, *solange das Kind geliebt wird*. Die Soziologen haben die *Liebe* als Lösung für die Jugendkriminalität erkannt, die Kriminologen als Lösung für die Kriminalität und die Politologen als Lösung für den Krieg."

Die Lösung haben sie vielleicht gefunden, aber offensichtlich haben sie keine Konsequenzen gezogen.

Dr. Claude A. Frazier warnte vor den Folgen, die es nach sich zieht, wenn unsere technologische Gesellschaft nicht durch Liebe menschenwürdiger wird.

Er sagte:

„Die Alternative ist, wie wir nun sicher begreifen, ein Land voller Städte, die zu Dschungeln des Hasses werden, voller Familien, die durch bittere Konflikte entzweit sind, voller junger Menschen, die durch Drogen und durch den Tod der Wirklichkeit entfliehen wollen, und eine Welt, die jederzeit bereit ist, globalen Selbstmord zu begehen."

Dr. Frazier führte weiter aus:

„Als Arzt stelle ich fest, dass eine bedeutende Zahl der Patienten, die mir täglich begegnen, an Krankheiten leidet, die zumindest teilweise durch diesen emotionalen Hunger hervorgerufen wurden. . . . Gewöhnlich werden in diesem Zusammenhang unter anderem Kopfschmerzen, Rückenbeschwerden, Magengeschwüre und Herzkrankheiten aufgeführt. Einige Forscher auf dem Gebiet der Medizin erweitern diese Liste allerdings um so grausame Krankheiten wie Krebs."

Liebe und Füreinander da sein sind unserer Gesundheit zuträglich, während ihr der Mangel an Gemeinschaft abträglich sein kann.

Der Druck des modernen Lebens, zerrüttete Familien, Einelternfamilien, die Vernachlässigung der Kinder, die Sucht nach Materiellem, der Sittenverfall, das Hinscheiden wahrer Werte — all das trägt zu der Instabilität und der Einsamkeit bei, die unserer Gesundheit schaden.

61

James J. Lynch geht in seinem Buch *Das gebrochene Herz* ausführlich darauf ein.

Er schreibt:

„Vielleicht müssen wir letztlich mit unserem eigenen Herzen und unseren Blutgefäßen dafür zahlen, dass wir unsere biologischen Bedürfnisse nach Liebe und menschlicher Nähe missachten."

Außerdem erklärt er, dass

„der Zustand unseres Herzens ein biologisches Bedürfnis nach menschlichen Beziehungen widerspiegelt. Wenn wir dieses Bedürfnis nicht befriedigen, ist unsere Gesundheit bedroht."

Der Serumcholesterinspiegel wird nicht nur von der Ernährung beeinflusst, sondern auch von seelischen Belastungen.
Diese können außerdem erhöhten Blutdruck verursachen.

Fünfundfünfzig Prozent aller Todesfälle in den Vereinigten Staaten sind Herz- und Kreislauferkrankungen zuzuschreiben, und sie fordern einen höheren Tribut bei Menschen, die allein sind.

J. J. Lynch führt aus:

„Die Koronarsterblichkeit unverheirateter (aber auch geschiedener und verwitweter) erwachsener Amerikaner ist zwei- bis fünfmal höher als bei verheirateten US-Bürgern!"

Neuere wissenschaftliche Studien deuten darauf hin,

dass sich Einsamkeit

schädlich auf das Immunsystem des Körpers auswirken kann,

so dass man anfälliger wird für Krankheiten.

Einsamkeit gefährdet die Gesundheit.

Wenn man sich isoliert in einer dunklen und geräuschlosen Umgebung befindet, leidet man bald unter Desorientierung.

Wir müssen unseren Sinnen Reize zuführen, um sie uns zu erhalten.

Da der Mensch von Natur aus gesellig ist, braucht er die Stimulation von anderen.

Wir brauchen Gesellschaft, wenn auch keine Worte fallen mögen.

Wir brauchen den Austausch von Gefühlen.

Tröstende Worte sind gut, aber wenn in einer Unterhaltung keine Gefühle zum Ausdruck gebracht werden,

wird die Einsamkeit nicht vertrieben.

Es gibt eine Kommunikation, die noch tiefer geht, als es mit Worten möglich ist.

So ist es zum Beispiel im Fall der Frau, die besorgt im Gesicht ihres Mannes forscht, wenn er beunruhigt ist, und die ihm aus ihrem Innern eine heilsame Kraft übermittelt.

Oder denken wir an den 75jährigen Mann, der auf einer Intensivstation lag und wusste, dass er sterben musste.

Er hatte nur die eine Bitte — dass seine Frau, mit der er seit 48 Jahren verheiratet war, an seiner Seite blieb.

Das tat sie, und sie streichelte ihm die ganze Zeit über liebevoll die Hand, wodurch sie ihm eine Friedlichkeit vermittelte, die über die Kraft von Worten hinausging.

Oder da ist die Krankenschwester, die einem Mann, der im tiefen Koma lag und an ein Atemgerät angeschlossen war, sanft die Hand hielt, wodurch der Blutdruck sank und sich der rasende Herzschlag verlangsamte.

Dies hilft einem erkennen, welche Kraft von einer menschlichen Berührung ausgeht.

Wie man der Einsamkeit begegnen kann

DIE 15jährige Joanna war nicht nur attraktiv, sondern bei ihren Mitschülern auch sehr beliebt. Anscheinend war sie glücklich, hatte sie doch einen großen Bekanntenkreis. Sie machte ihrem Leben jedoch ein Ende, indem sie sich erschoss. Auf dem Zettel, den sie hinterließ, stand:

„Liebe bedeutet, nicht mehr einsam zu sein. Langeweile ist unerträglich. "

Warum sollte sich ein Mensch wie Joanna, die so viele Freunde hatte, einsam fühlen?

Alleinsein etwas anderes als Einsamkeit

Manche Leute lieben es, hier und da allein zu sein, weil das Alleinsein ihnen Gelegenheit zum Nachsinnen und zum Überlegen gibt.

Dennoch hat jeder das Bedürfnis, seine Empfindungen einem anderen, der Anteil an ihm nimmt, mitzuteilen.

Wird der Wunsch, sich jemandem anzuvertrauen, nicht erfüllt, entsteht das Gefühl der Einsamkeit.

Deshalb ist es ohne weiteres zu verstehen, dass sich jemand einsam fühlen kann, obschon er von vielen Menschen umgeben ist oder viele Bekanntschaften hat.

Das Gefühl der Einsamkeit kommt auf, wenn niemand auf uns eingeht, wenn wir das Gefühl haben, unerwünscht zu sein oder niemandem unsere Gefühle mitteilen zu können.

Es gibt legitime Gründe dafür, dass man sich einsam fühlt.

Der Tod mag einem den Ehepartner oder einen guten alten Freund entrissen haben.

Dass einem dann *das Gefühl der Einsamkeit beschleicht, ist verständlich.*

Auch nach einer Ehescheidung mag man sich einsam fühlen.

Eine Frau, deren Mann sich von ihr scheiden ließ, beschreibt, wie sie litt:

> „Ich lebe in Scheidung. An Scheidung dachte ich nie und glaubte auch, dass es mir nie passieren würde. Doch mein Mann hat mich verlassen. Mein Schmerz ist so groß, dass ich manchmal lieber tot wäre. Ich glaube, darüber werde ich nie hinwegkommen, am allerwenigsten um 4 Uhr früh, wenn ich aufwache und mir erneut bewusst werde, dass ich ALLEIN und verlassen bin."

Auch wenn man umzieht und dann fern von seinen Freunden leben muss, kann sehr wohl das Gefühl der Einsamkeit aufkommen. Man braucht sich deshalb nicht zu schämen, denn das ist ganz normal und zu erwarten.

Ein Experte schrieb:

> „Wenn man anerkennt, dass das Gefühl der Einsamkeit etwas Natürliches ist, wird es ziemlich sicher mit der Zeit weichen und einer anderen Stimmung oder einem anderen Gefühl Platz machen. Es ist eine Tatsache des Lebens, dass solche Gefühle aufwallen und wieder abebben. Wer diese Tatsache nicht anerkennt, sondern erwartet, immer in einem Zustand der Euphorie zu leben, wird enttäuscht oder bitter werden" (Theodore I. Rubin).

**Es geht also nicht darum, dass man sich niemals einsam fühlt,
sondern darum, sich von diesem Gefühl nicht übermannen zu lassen.**

Es ist aber zweierlei, zu wissen, wodurch das Gefühl der Einsamkeit hervorgerufen wird, und zu wissen, wie man ihm begegnen kann.

„Beschäftigungstherapie" — kein vollkommenes Heilmittel

Einem Menschen, der sich einsam fühlt, wird oft gesagt:

> „Was ist denn mit dir los? Du hast keinen Grund, dich einsam zu fühlen. Bleib nicht immer daheim. Tritt einem Klub bei. Unternimm etwas!"

Die ganze Schuld an dem Einsamkeitsgefühl wird demjenigen zugeschoben, der darunter leidet.

Aber sich nur zu beschäftigen, um beschäftigt zu sein, ist, wie wenn ein Kranker nur schmerzstillende Mittel nehmen würde. Das würde bedeuten, dass man das Übel nicht an der Wurzel fasst, sondern nur oberflächlich versucht, Abhilfe zu schaffen.

Ein Forscher gab zu:

> „Zahllose Witwen haben mir erzählt, dass sie das Rezept [sich zu beschäftigen] ausprobiert hätten. Doch dann seien sie in eine leere Wohnung zurückgekehrt, völlig erschöpft und noch anfälliger für das schmerzliche Einsamkeitsgefühl."

Manch einer hat jedoch die Erfahrung gemacht, dass man das Gefühl der Einsamkeit überwinden kann, wenn man aus selbstlosen Beweggründen ***etwas für andere tut.***

Das ermöglicht es, Beziehungen anzuknüpfen, die einem einsamen Menschen fehlen.

Aber warum gibt es Alleinstehende, die zufrieden und glücklich sind, während andere darunter leiden, dass sie keinen Partner haben?

Oft kommt es nur auf den Standpunkt an

Es ist ganz natürlich, dass man eine eigene Familie haben möchte und es bedauert, ohne Partner zu sein.

Bei einer vor kurzem durchgeführten Meinungsumfrage lautete eine Frage:

„Möchten Sie Ihr Leben mit jemand anders tauschen, wenn Sie könnten, und wenn ja, mit wem?"

Erstaunlicherweise zeigten die Antworten, dass die Verheirateten die Unverheirateten beneiden und umgekehrt.

Eine Ehefrau, die gern mit ihrer unverheirateten Freundin tauschen möchte, schrieb:

> „Sie kann über ihre Zeit selbst verfügen. Sie kann verreisen, wann immer es ihr passt. Ist man aber verheiratet und hat Kinder, kann man nicht mehr über seine Zeit verfügen. Man

hat Mann und Kindern gegenüber Pflichten . . . Verstehen sie mich nicht falsch. Ich liebe meine Familie sehr, sie ist der Inhalt meines Lebens. Aber wenn ich nochmals von vorn anfangen könnte, würde ich nicht mehr heiraten."

Wenn du gegen deinen Willen allein bist, so denke an die Vorzüge, die das Alleinseins hat.

Dann wirst du dich nicht selbst bemitleiden.

"Es gibt Schlimmeres, als keinen Mann zu finden, nämlich nicht zu sich selbst zu finden", schrieb warnend eine Alleinstehende.

Zu sich selbst findet man aber nicht, indem man die ganze Zeit nur über sich selbst nachdenkt.

Nimm Anteil an anderen.

Sei bereit, Gefühle zu investieren, indem du dich für andere interessierst.

Bemühe dich, nicht nur oberflächliche Beziehungen anzuknüpfen.

"Das ist leichter gesagt als getan!" wenden Millionen sich einsam fühlender Personen ein.

Das stimmt.

Es erfordert, dass man "Mitgefühl" bekundet.

Das griechische Wort, das mit "Mitgefühl" übersetzt worden ist, bedeutet buchstäblich "mitleiden".

Es bedeutet, an den Erfahrungen anderer Anteil zu nehmen.

Wenn eine Unterhaltung geführt wird, sollte man nicht stets überlegen, was man als nächstes sagen kann, sondern aufmerksam zuhören.

Man sollte sich auf das, was der andere sagt, konzentrieren und bestrebt sein, zu fühlen, was er fühlt.

Auch sollte man versuchen, die Dinge aus seiner Sicht zu sehen.

Nichts bringt ein Gespräch besser in Gang als ein paar Fragen, die Anteilnahme verraten,

wie:

„Woher sind Sie?"

„Wie gefällt es Ihnen hier?"

„Womit verbringen Sie Ihre Freizeit?"

„Haben Sie ein Hobby?"

Natürlich sollte man es vermeiden, so in den anderen einzudringen, dass er es als unangenehm empfindet.

Bald werden auch dir ähnliche Fragen gestellt werden, so dass du die Gelegenheit erhältst zu erzählen.

Abgesehen davon, dass du den anderen angesprochen hast, ist es dir auch gelungen, geistigen Kontakt herzustellen. Wenn ihr euch das nächste Mal seht, habt ihr etwas Gemeinsames.

Er ist dann für dich nicht mehr nur ein Gesicht in der Masse, das dir weiter nichts sagt. Und der andere betrachtet auch dich nicht so.

Ihr habt begonnen, Gedanken und Erfahrungen auszutauschen.

Kalkuliere von vornherein ein, dass ab und zu eine peinliche Situation entstehen kann.

Erwarte daher keinen Perfektionismus, weder von dir noch von anderen.

Manch einer ist von Natur aus schüchtern.

Es erfordert eine längere Gemeinsamkeit, damit sich eine echte Freundschaft entwickeln kann.

Denke also nicht, es komme schon nach einigen wenigen oberflächlichen Gesprächen dazu.

Wichtig ist,

dass du an anderen Anteil nimmst, dann wirst du die Erfahrung machen, dass das dauernde Gefühl der Einsamkeit allmählich weicht.

Eignet sich indessen jeder, den du kennst, als Freund?

Immer und immer wieder hört man, dass Personen, die sich einsam fühlen, insbesondere Frauen, sich von selbstsüchtigen „Freunden" ausnutzen lassen.

Ein kanadischer Polizeibeamter sagte bedauernd über eine Witwe, von der ein Mann, dem sie vertraute, 100 000 Dollar erpresst hatte:

„Sie war so einsam, dass sie total unvernünftig handelte. Und noch immer glaubt sie, das Rechte getan zu haben."

Aber Personen, die sich einsam fühlen, stehen nicht nur in Gefahr, in bezug auf Geld ausgenutzt zu werden. Wenn sie nicht achtsam sind, mit wem sie sich anfreunden, können sie etwas viel Wertvolleres verlieren, z. B. ihre Sittlichkeit, ihre Selbstachtung, ihre Würde und ihr gutes Gewissen.

Das alles kann einsamen Personen von angeblichen Freunden, bei denen sie Trost suchten, weggenommen werden.

Besonders gefährlich ist es für Paare, die mit ihrem Partner keinen richtigen Gedankenaustausch pflegen können, sich nach jemand umzusehen, mit dem sie das tun können. Wie viel besser ist es, sich zu bemühen, seinem Ehegefährten näherzukommen.

Lerne, nicht nur mit ihm zusammen zu wohnen, sondern auch mit ihm Freud und Leid zu teilen.

Das Problem der Einsamkeit lässt sich nicht nur durch den Umgang mit guten Freunden lösen.

Man kann nicht die ganze Zeit mit dem Führen interessanter Gespräche verbringen.

Um Selbstachtung zu haben — ohne Selbstachtung ist dem Gefühl der Einsamkeit nicht beizukommen —, muss man ein sinnvolles Leben führen und das Empfinden haben, etwas zu leisten.

Wie wird das erreicht?

Eine Beziehung, die verpflichtet

„Das Wort **‚Verpflichtung‘** habe ich von jeher gehasst“,

sagte eine alleinstehende 24jährige.

Dabei führte sie ein Leben, das, wie sie selbst sagte, vollkommen sinnlos war.

„Ich litt tagaus, tagein unter Depressionen und einem Gefühl der Einsamkeit. ... Jahrelang wartete ich darauf, dass die Welt mir einen Umschlag mit dem Plan für mein Leben überreichen würde. Dann, so glaubte ich, wäre alles okay. Ich würde mich nicht mehr einsam oder unsicher fühlen.“

Doch das geschah nie.

Ihre Erfahrung ist charakteristisch für viele, denn ein Experte berichtete über Jugendliche, die sich einsam fühlen:

„Tiefgründigkeit ist ihnen fremd, das, was zum Überleben notwendig ist, haben sie nicht kennengelernt; sie begreifen nicht, *wie wichtig es ist, sich im Leben Aufgaben zu stellen."*

Es kann nicht deutlich genug gesagt werden,

dass es für jeden, der die Einsamkeit besiegen möchte, unerlässlich ist,

eine „**Lebensaufgabe"** zu haben und sich dafür zu engagieren.

Länger leben und rüstig bleiben

MAN stelle sich das Leben als einen langen Hürdenlauf vor, einen Wettlauf also, bei dem man Hindernisse überwinden muss.

Alle Läufer starten gleichzeitig, doch während sie über die Hindernisse springen und diese auch gelegentlich berühren, verlangsamt sich ihr Tempo merklich, und immer mehr fallen aus.

In ähnlicher Weise beginnt auch das Leben an einem Ausgangspunkt, und es ist mit hohen Hürden bestückt.

Der Mensch trifft im Laufe seines Lebens auf eine Hürde nach der anderen.

Jede Hürde, die er nimmt, kostet ihn Kraft, und mit der Zeit gibt er ganz auf.

Je höher die Hürden sind, desto eher fällt er aus, das heißt, er stirbt.

Wenn man in einem der Industrieländer lebt, kommt der Punkt, an dem man ausfällt oder stirbt, im Alter von ungefähr 75 Jahren.

Diese Zeitspanne wird *durchschnittliche* Lebensspanne genannt, vergleichbar mit der Entfernung, die die meisten Läufer tatsächlich zurücklegen.

Manche Menschen laufen allerdings länger, und ein paar erreichen sogar die *maximale* Lebensspanne, die bei etwa 115 bis 120 Jahren liegen soll — eine seltene Leistung, die überall auf der Welt für Schlagzeilen sorgt.

Heute bleibt der Mensch doppelt so lange im Rennen wie noch zu Beginn des Jahrhunderts.

Aus welchem Grund?

Hauptsächlich weil es gelungen ist, die Hürden niedriger zu machen.

Worum handelt es sich denn bei den Hürden?

Und könnten sie noch niedriger sein?

Ein Experte für öffentliche Gesundheit von der Weltgesundheitsorganisation (WHO) erklärte, dass zu den wesentlichen Faktoren oder Hürden, die Einfluss auf die menschliche Lebenserwartung nehmen, die Gewohnheiten, das Umfeld und die medizinische Versorgung gehören.

Je vernünftiger die Gewohnheiten sind, je gesünder das Umfeld und je besser die medizinische Versorgung ist, desto niedriger sind die Hürden und desto länger kann man leben.

Auch wenn die Umstände von Person zu Person verschieden sind, ist es praktisch jedem möglich — vom Bankdirektor in Sydney bis zum Straßenverkäufer in São Paulo —, etwas zu tun, um die Hürden in seinem Leben niedriger zu machen.

Inwiefern?

„Menschen, die vernünftiger mit ihrer Gesundheit umgehen, leben nicht nur länger, sondern sie zögern auch die Gebrechlichkeit hinaus, die am Lebensende einsetzt, dann aber nur auf wenige Jahre begrenzt ist", berichtet *The New England Journal of Medicine*.

Die erste Hürde lässt sich also dadurch niedriger machen, dass man seine Gewohnheiten in Verbindung mit Essen, Trinken, Schlafen, Rauchen und körperlicher Betätigung ändert.

Ziehen wir als ein Beispiel die körperliche Aktivität heran.

Körperliche Aktivität:

Es spricht viel dafür, sich angemessen körperlich zu betätigen. Studien ergaben, dass einfache Aktivitäten im Haus oder ums Haus herum älteren Menschen, Hochbetagte nicht ausgeschlossen, zu neuer Kraft und Vitalität verhelfen. Beispielsweise stellte eine Gruppe von Senioren zwischen 72 und 98 Jahren fest, dass sie, nachdem sie nur 10 Wochen lang ein gewisses Gewichtstraining absolviert hatten, schneller gehen und Treppen besser steigen konnten.

Das ist nicht verwunderlich.

Die nach dem Aufbautrainingsprogramm vorgenommenen Tests ergaben, dass sich bei den Testteilnehmern die Muskelkraft mehr als verdoppelt hatte. In einer anderen Gruppe, bestehend aus Frauen um die 70 mit vorwiegend sitzender Lebensweise, war man jede Woche zweimal körperlich aktiv. Nach einem Jahr hatten die Frauen an Muskelmasse zugelegt, sie waren auch kräftiger und ausgeglichener, und die Knochen hatten an Dichte gewonnen.

„Als wir begannen, hatten wir Sorge, dass es zu Bänderrissen, Sehnen- und Muskelzerrungen kommen würde", sagte die an den Studien beteiligte Physiologin Miriam Nelson. „Stattdessen standen lauter vitalere, gesündere Menschen vor uns."

Ein Leitfaden fasst die Resultate verschiedener wissenschaftlicher Studien über Altern und körperliche Aktivität so zusammen:

„Bewegung verlangsamt den Prozess des Alterns, verlängert das Leben und reduziert die Zeit des Abhängigkeitsverhältnisses, die dem Tod meist vorausgeht."

Mentales Training:

Das Sprichwort „Wer rastet, der rostet" lässt sich offenbar nicht nur auf die Muskelkraft anwenden, sondern auch auf die Geisteskraft. Zwar wird das Altern von einer gewissen Vergesslichkeit begleitet, aber Studien des amerikanischen Nationalen Instituts für Altersfragen belegen, dass das ältere Gehirn flexibel genug bleibt, um den Auswirkungen des Alterns zu begegnen.

Daher ist Dr. Antonio R. Damasio, Professor für Neurologie, zu dem Schluss gekommen:

„Ältere Menschen können nach wie vor über eine außerordentliche Geistesstärke und Geistesfrische verfügen."

Was ist für die bleibende Flexibilität des älteren Gehirns verantwortlich?

Das Gehirn verfügt über 100 Milliarden Gehirnzellen oder Neuronen und über Billionen von Verbindungen zwischen den Zellen.

Diese Verbindungen funktionieren wie Telefonleitungen und ermöglichen es den Neuronen zu kommunizieren, was unter anderem das Erinnerungsvermögen ausmacht. Während das Gehirn altert, sterben Neuronen ab.

Das ältere Gehirn kann den Verlust an Neuronen jedoch kompensieren.

Immer wenn ein Neuron abstirbt, reagieren benachbarte Neuronen, indem sie neue synaptische Verbindungen mit anderen Neuronen heranbilden und die Arbeit des verlorenen Neurons übernehmen.

So verlagert das Gehirn gewissermaßen die Verantwortung für eine zu erfüllende Aufgabe von einem Bereich in einen anderen. Deshalb leisten viele Ältere in intellektueller Hinsicht das gleiche wie Jüngere, setzen dafür allerdings womöglich andere Bereiche des Gehirns ein. In gewisser Weise ist ein älteres Gehirn mit einem älteren Tennisspieler zu vergleichen, der seine nachlassende Schnelligkeit dadurch wettmacht, dass er auf Kniffe zurückgreift, über die ein jüngerer Spieler unter Umständen nicht verfügt. Zwar setzt der ältere Spieler eine andere Technik ein als der jüngere, aber er sammelt nach wie vor Punkte.

Was können ältere Menschen tun, um weiterhin Punkte zu erzielen?

Nach einer Studie an über 1 000 Personen im Alter von 70 bis 80 Jahren kam die Gerontologin Dr. Marilyn Albert zu dem Schluss, dass mentales

Training ein Faktor ist, der mitbestimmt, bei wem die intellektuellen Fähigkeiten im Alter nachlassen und bei wem nicht.

Mentales Training hält die „Telefonleitungen" funktionstüchtig.

Andererseits setzt nach Expertenmeinung ein Nachlassen der Geisteskräfte dann ein, „wenn man in Rente geht, sich dafür entscheidet, das Leben leichtzunehmen, und sich sagt, dass man es nicht mehr nötig hat, mit der Welt Schritt zu halten" *(Die Reise ins Innere des Gehirns)*.

Wie der Gerontologe Dr. Jack Rowe erklärt, lautet die gute Nachricht demnach, dass „sich durch Faktoren, die wir steuern beziehungsweise auf die wir Einfluss nehmen können, die Aussicht auf ein erfolgreiches Altern verbessern lässt".

Außerdem ist es niemals zu spät, förderliche Gewohnheiten zu entwickeln.

„Selbst wenn man den längsten Teil seines Lebens seine Gesundheit eher vernachlässigt hat und man im Alter beginnt, das zu ändern", sagt ein Forscher, „müsste man zumindest noch einige Vorteile einer gesundheitsbewussten Lebensweise genießen können."

Das Umfeld macht viel aus

Würde man ein Mädchen, das heute in London geboren wird, ins London des Mittelalters zurückversetzen, wäre seine Lebenserwartung um mehr als die Hälfte geringer als heute. Dieser Unterschied wäre nicht auf eine plötzliche Veränderung der körperlichen Verfassung zurückzuführen, sondern auf eine stark veränderte Höhe zweier weiterer Hürden — des Umfelds und der medizinischen Versorgung. Zunächst sei das Umfeld ins Visier genommen.

Das unmittelbare Lebensumfeld:

Früher war das unmittelbare Lebensumfeld des Menschen — zum Beispiel der Wohnraum — eine immense Bedrohung für die Gesundheit. In den letzten Jahrzehnten hat diese Bedrohung jedoch nachgelassen. Verbesserte sanitäre Anlagen, besseres Wasser und weniger Ungeziefer im Haus haben das Lebensumfeld des Menschen verbessert, seine Gesundheit gefördert und sein Leben verlängert.

Demzufolge ist der Mensch in vielen Teilen der Welt nun in der Lage, über eine längere Entfernung zu „laufen".

Es ist allerdings nicht allein damit getan, für fließendes Wasser im Haus zu sorgen. Damit die Hürde niedriger gemacht wird, gilt es auch, sich ein zuträgliches soziales und religiöses Umfeld zu erhalten.

Das soziale Umfeld:

Das soziale Umfeld setzt sich aus Menschen zusammen, mit denen man gemeinsam lebt, arbeitet, spielt, isst und seine Religion ausübt. So, wie sich das unmittelbare Umfeld verbessert, wenn man Zugang zu unbedenklichem Wasser hat, lässt sich auch das soziale Umfeld verbessern, wenn man auf Freunde zurückgreifen kann, die man schätzt, um nur einen wesentlichen Faktor zu nennen.

Dadurch, dass man Freud und Leid sowie Träume und Enttäuschungen mit anderen teilen kann, wird die vom Umfeld gebildete Hürde niedriger gemacht; man bleibt länger im Rennen.

Das gleiche trifft allerdings auch im umgekehrten Fall zu.

Fehlende Gemeinschaft kann Einsamkeit und soziale Erstarrung mit sich bringen. Wer ohne die Anteilnahme anderer existieren muss, welkt eher dahin.

Eine Frau, die in einem Seniorenheim lebt, schrieb einer Bekannten:

„Ich bin 82 Jahre alt und bin nun schon 16 lange Jahre in dem Heim. Wir werden hier gut behandelt, doch die Einsamkeit ist manchmal kaum auszuhalten."

Leider ist die Verfassung dieser Frau typisch dafür, wie sich viele ältere Menschen fühlen, und das besonders in der westlichen Welt. Sie leben oftmals in einem Umfeld, in dem sie wohl toleriert, aber kaum geschätzt werden.

Infolgedessen

„bildet der Zustand der Einsamkeit eine der größten ständigen Bedrohungen für das Wohlbefinden der Älteren in den Industriestaaten",

führt James Calleja vom Internationalen Institut für Altersfragen aus.

Es stimmt,

die Umstände, durch die man für Einsamkeit anfällig wird —

wie die Versetzung in den Ruhestand,

nachlassende Mobilität,

der Verlust langjähriger Freunde

oder

der Tod eines Ehepartners —,

lassen sich vielleicht nicht ändern,

aber man kann immer noch gewisse Schritte unternehmen, damit diese Hürde eine Höhe hat, mit der man zurechtkommt.

Zunächst einmal darf man nicht vergessen, dass Einsamkeit keine Frage des Alters ist;

manch ein junger Mensch fühlt sich ebenfalls einsam.

Die Ursache des Problems liegt nicht darin, dass man alt ist,

sondern darin,

dass man sozial isoliert ist.

Wie kann man gegen das Abdriften in die Isolation angehen?

„Verhalte dich so, dass andere gern mit dir zusammen sind", rät eine ältere Witwe.

„Die wenigsten gesellen sich gern zu einer griesgrämigen Person.

Man muss sich anstrengen, fröhlich zu sein. Sicher, das kostet Kraft, aber die so investierte Kraft zahlt sich aus. Freundlichkeit wirkt nämlich ansteckend."

Sie fügt noch hinzu:

„Damit mir der Gesprächsstoff nicht ausgeht und ich sowohl mit den jüngeren als auch mit den älteren Menschen, denen ich begegne, über etwas reden kann, bemühe ich mich, auf dem laufenden zu bleiben, indem ich informative Zeitschriften lese und die Nachrichten verfolge."

Außerdem wird dazu angeregt, zu lernen, sich für das zu interessieren, was andere mögen, sowie Fragen zu stellen.

Auch wird zu Großzügigkeit im Rahmen des Möglichen geraten.

Fehlt es einem an materiellen Mitteln, kann man von sich selbst geben, denn im Geben liegt das Glück.

Man kann Briefe schreiben oder ein Hobby ergreifen.

Wird man von anderen eingeladen, sie zu besuchen oder etwas mit ihnen zu unternehmen, sollte man nicht abwinken.

Auch sollte das eigene Heim gemütlich und einladend sein, denn das wirkt auf Besucher anziehend.

Eine weitere Anregung ist, auf Menschen, die in Not sind, zuzugehen und ihnen direkt Hilfe anzubieten.

Dauerhafte Freundschaften pflegen

ES GIBT Dinge, die einer Freundschaft im Weg stehen können.

Die Schuld kann nicht allein den Einsamen gegeben werden.

In einigen Teilen der Welt ist es nicht leicht, dauerhafte Freundschaften zu pflegen, weil die Menschen relativ häufig umziehen, die Familien zerfallen, die Städte unpersönlich und gefährlich geworden sind oder weil man immer weniger Freizeit hat.

Der heutige Stadtmensch kommt zwar in einer Woche mit mehr Menschen in Berührung, als ein Dorfbewohner des 18. Jahrhunderts in einem Jahr oder sogar in seinem ganzen Leben gesehen hat. Doch die Beziehungen sind heute oft nur oberflächlich. Viele nehmen unentwegt an irgendwelchen Geselligkeiten teil, um sich zu vergnügen. Man muss jedoch zugeben, dass geistlose Belustigung mit schlecht gewählten Gefährten einem Feuer gleicht, bei dem Dornen verbrannt werden. Dornen ergeben kurzfristig ein helles, prasselndes Feuer, aber man kann damit keine anhaltende Wärme erzeugen.

In ähnlicher Weise können uns lärmende, lachende Bekannte für einen Augenblick ablenken, aber sie werden weder das Gefühl der Einsamkeit völlig vertreiben noch unser Bedürfnis nach wahren Freunden befriedigen.

Alleinsein und Einsamkeit sind nicht dasselbe.

Von Zeit zu Zeit müssen wir auch einmal allein sein, um uns regenerieren und uns selbst wieder mehr als Freund erweisen zu können. Viele nehmen sofort zu irgendwelcher elektronischer Unterhaltung Zuflucht, wenn sie sich einsam fühlen. Wie in einer Studie festgestellt wurde, reagieren die meisten auf Einsamkeit damit, dass sie das Fernsehgerät einschalten. Die Forscher kamen allerdings zu dem Schluss, viel fernsehen sei so ziemlich das *Schlimmste*, was man gegen Einsamkeit tun könne. Es fördert Passivität, Langeweile und Tagträumerei und ist somit ein schlechter Ersatz für den persönlichen Austausch mit anderen Menschen.

Alleinsein kann tatsächlich sehr wertvoll sein, sofern wir diese Zeit sinnvoll nutzen. Das wäre beispielsweise der Fall, wenn wir dann lesen, Briefe schreiben, etwas basteln oder uns ausruhen würden.

Wie man Freundschaften schließt

Suchen wir nach echten Freunden?

Vielleicht müssen wir gar nicht lange suchen.

Einige Personen, mit denen wir regelmäßig Kontakt haben, könnten unsere Freunde werden, und möglicherweise brauchen sie unsere Freundschaft.

Es besteht jedoch kein Grund zur Verärgerung, wenn nicht jeder Versuch, einen Freund zu gewinnen, zu einer guten Beziehung führt. Gewöhnlich erfordert es Zeit, mit jemand Freundschaft zu schließen, und nicht jedes Verhältnis entwickelt sich gleich innig.

Voraussetzung für eine echte Freundschaft ist Selbstlosigkeit.

Wer wünscht unsere Freundschaft?

Wie steht es neben Gleichaltrigen mit jüngeren oder älteren Personen?

Denken wir auch an diejenigen, mit denen wir erst seit kurzem bekannt sind.

Sie sind vielleicht umgezogen oder haben ihre Lebensweise geändert und haben infolgedessen die Gemeinschaft mit den meisten, wenn nicht gar mit allen Freunden aufgegeben.

Warten wir nicht, bis andere auf uns zukommen.

Freundschaften „pflegen"

Leider bereiten sich anscheinend gute Freunde manchmal gegenseitig Schmerz.

Nachteiliges Geschwätz, ein Vertrauensbruch, mangelnde Wertschätzung — so etwas ist sehr schmerzlich, wenn es von jemandem kommt, den man als echten Freund betrachtet hat.

Was kann man in einer solchen Situation tun?

Geben wir ein gutes Beispiel.

Tun wir alles, was wir können, um unnötigen Schmerz zu vermeiden.

Mancherorts ist es unter Freunden üblich, sich über die Fehler des anderen lustig zu machen. Doch wenn man grob miteinander umgeht oder einander anschwindelt, trägt dies nicht gerade zu einem engeren Verhältnis unter Freunden bei, auch dann nicht, wenn es angeblich nur ein „Spaß" war.

Bemühen wir uns angestrengt, Freundschaften im wahrsten Sinn des Wortes zu „pflegen".

Manchmal kommt es zu Missverständnissen, wenn Freunde zu viel voneinander erwarten. Ein Freund, der krank oder wegen eines schwierigen Problems belastet ist, wird wahrscheinlich nicht soviel Herzlichkeit offenbaren wie sonst.

Versuchen wir in einem solchen Fall, verständnisvoll und hilfsbereit zu sein.

Probleme sollten wir schnell und auf freundliche Art lösen. Wenn möglich, sollte das nicht im Beisein anderer geschehen.

Vergewissern wir uns, dass unserem Freund unser Wunsch, ein gutes Verhältnis zu bewahren, bekannt ist.

Aufrichtige Freunde vergeben einander.

Etwas über Freundschaften zu lesen und darüber nachzudenken ist erst der Anfang.

Wenn wir uns einsam fühlen, sollten wir zielstrebig handeln — dann werden wir nicht lange einsam sein.

Sofern wir uns bemühen, können wir echte Freunde gewinnen.

Zu einigen von ihnen wird sich eine besondere Bindung entwickeln.

Wie gewinnt man Freunde?

„EIN FREUND IM LEBEN IST VIEL, ZWEI SIND SEHR VIEL, DREI KAUM MÖGLICH" *(Henry Brooks Adams)*.

OBIGE Äußerung besagt, dass wahre Freunde selten sind. Nur zu oft hört man von ganz einsamen Menschen, die Freundschaft suchen, Kommentare wie:

„Ich habe niemand, an den ich mich wenden kann."

„Ich kann keinem vertrauen."

Oder:

„Mein Hund ist mein bester Freund."

Freundschaften zu schließen und sie auf Dauer zu bewahren ist gar nicht so einfach. Eine Marktuntersuchung ergab, dass „in den Vereinigten Staaten 25 Prozent der erwachsenen Bevölkerung unter ‚ständiger Einsamkeit' leiden und ... dass der Hälfte der Franzosen schon akute Isolation zu schaffen gemacht hat".

Die Sehnsucht nach zwischenmenschlichen Beziehungen drückt sich darin aus, dass ständig neue Clubs zur Kontaktaufnahme und Chatrooms eröffnet werden, sowie in den zahllosen Zeitungsanzeigen von Personen, die einen Partner suchen.

Einsamkeit wirkt sich nicht nur auf den psychischen Zustand einer Person aus,

sondern auch

auf ihre körperliche Gesundheit,

behauptet Dr. David Weeks, ein Neuropsychologe.

„Ich habe einen sehr hohen Anteil an Patienten mit phobischen Störungen und Depressionen, die man als einsam bezeichnen kann. Es besteht eine offensichtliche Verbindung zwischen der Tiefe einer Depression und dem Grad der Vereinsamung."

Scheidungen und das Auseinanderbrechen der Familien verurteilen immer mehr Menschen dazu, allein zu leben.

Aus einer in Großbritannien durchgeführten Umfrage war zu ersehen, dass zu Beginn des 21. Jahrhunderts immerhin 30 Prozent der Bevölkerung jenes Landes in Einpersonenhaushalten leben.

Offenkundig sind viele mehr an materiellem Besitz wie einem Haus oder Auto oder an ihrer Arbeit interessiert

als daran,

Beziehungen zu anderen Menschen zu pflegen.

Der Autor Anthony Storr stellte fest:

„Statt um den Partner und die Kinder dreht sich ihr ganzes Leben um den Arbeitsplatz."

WAHRE FREUNDE SIND VON UNSCHÄTZBAREM WERT

Unsere Lebensqualität hängt nicht unwesentlich von der Qualität unserer Freundschaften ab.

Häufig sind diejenigen, die nur für sich leben, deshalb nicht glücklich, weil ihnen ein Freund fehlt, mit dem sie sich gemeinsam ihres Besitzes erfreuen oder dem sie ihre Gedanken mitteilen können.

Diese Wahrheit spricht auch aus folgender Äußerung des englischen Dichters George Byron:

„Wer Freude wünscht, muss Freude spenden."

Was ist ein Freund?

Gemäß einem Wörterbuch ist es

„jemand, der einem anderen durch Zuneigung oder Wertschätzung verbunden ist".

Ein wahrer Freund kann uns helfen, unsere Gedanken auf förderliche Dinge zu richten.

In Zeiten der Bedrängnis kann er uns ermuntern und aufbauen.

Ein Freund kann sogar unseren Kummer teilen.

Während materielle Dinge im Laufe der Zeit häufig an Wert verlieren, wird wahre Freundschaft mit der Zeit wachsen und gedeihen.

Wenn wir viele Freundschaften pflegen, werden uns wahrscheinlich einige Freunde zu Hilfe kommen, wenn Probleme auftreten.

Wahre Freunde sind auch in anderer Hinsicht ein Schutz für uns.

Groß mag die Zahl der Menschen sein, die uns mit Lob überschütten, aber nur wahre Freunde werden so viel von uns halten, dass sie uns auf einen schwerwiegenden Fehler hinweisen und uns liebevoll konstruktiven Rat geben.

Gute, enge Freunde gehören zu den seltenen Geschenken, die uns positiv beeinflussen können.

Alleinerziehende Eltern

„**Zeit** ist das, wovon alle alleinerziehenden Eltern nie genug haben.“

„**Geldnot** ist das gravierendste Problem.“

„**Einsamkeit** ist ein Hauptbelastungsfaktor für alleinstehende Eltern.“

ALLE Eltern sehen sich Herausforderungen, Freuden und Problemen gegenüber.

Aber **alleinerziehende Eltern** sind dabei ganz auf sich gestellt.

Infolgedessen spielen Zeit und Geld sowie **Einsamkeit** in ihrem Leben oft eine dominierende Rolle.

Trotz der möglicherweise rauen Wirklichkeit des Alltags können alleinerziehende Eltern ihr Familienleben zu einem Erfolg machen, und viele tun das auch.

Viel hängt davon ab, welche Maßstäbe sie sich zu eigen machen und wie eng sie sich daran halten.

Zeit

Zeit ist knapp bemessen, auch für jemand, der es versteht, sich seine Zeit einzuteilen. Um die Zeit optimal nutzen zu können, muss man erst einmal herausfinden, wofür man sie eigentlich verwendet. Dann kann man entscheiden, welche Prioritäten man setzen will.

Eine Organisation für alleinerziehende Eltern rät:

„Führen Sie ein ‚Zeittagebuch'.

Halten Sie darin alles fest, was Sie an einem Tag oder in einer Woche tun, und finden Sie heraus, wie viel Zeit Sie dafür benötigen. Überlegen Sie dann, wo Sie Zeit einsparen oder besser einsetzen können, indem Sie in Ihrem Zeitplan etwas umstellen oder streichen."

Alleinerziehende könnten sich zum Beispiel fragen, ob das Fernsehen in ihrem täglichen Zeitplan eine wichtige Rolle spielt. Wenn man die Fernsehzeit etwas einschränkt, gewinnt man Zeit, in der man mit seinen Kindern reden und gemeinsam etwas mit ihnen unternehmen kann. Das kann zu einem guten Verhältnis beitragen.

„Meine Versuche, mich mit meinen Kindern hinzusetzen und zu reden, enden lediglich in einem langen, eisigen Schweigen", erwidert der eine oder andere vielleicht.

Das kann schon sein, aber davon sollte man sich nicht abschrecken lassen.

Berater für Alleinerziehende empfehlen Eltern, bei den täglichen Gesprächen aus den Äußerungen ihrer Kinder deren Gefühle herauszuhören, zum Beispiel aus den Äußerungen über ihre Schulfreunde oder über ihre Pläne.

Ist das jedoch möglich, wenn man wie gebannt vor dem Fernseher sitzt?

Selbst wenn man das Fernsehen nur im Hintergrund laufen lässt, kann man so abgelenkt werden, dass einem wichtige Informationen über die innersten Gedanken und Gefühle des Kindes entgehen. Darum sollte man sich für seine Kinder Zeit nehmen. Man könnte gemeinsam die Hausarbeit erledigen und währenddessen miteinander reden — und wenn die Kinder dann etwas erzählen, muss man zuhören.

Man sollte mit seinen Kindern auch lesen.

Forschungen haben ergeben, dass zwischen der Lesefähigkeit eines fünfjährigen Kindes und seiner späteren Entwicklung ein direkter Zusammenhang besteht — um so mehr ein Grund, die Zeit auszukaufen und mit seinen Kindern zu lesen.

Das könnte man ein paar Minuten vor dem Schlafengehen tun oder etwas früher, wenn man noch nicht zu müde ist.

Diese Zeit ist gut angelegt.

Mit dem Lebensnotwendigen zufrieden sein

Viele alleinerziehende Eltern haben das Gefühl, sich, was das Geld angeht, in einem Teufelskreis zu befinden.

Sie müssen genug Geld verdienen, um eine ordentliche Wohnung bezahlen sowie Lebensmittel und Kleidung kaufen zu können. Andererseits taucht in Verbindung mit der beruflichen Tätigkeit die Frage auf, ob die Kinder dann auch richtig versorgt sind.

An Plätze in Betreuungsstätten für Kinder kommt man nicht so ohne weiteres heran, und sie sind auch nicht ganz billig.

Manchen alleinerziehenden Eltern gelingt es, ihre Verwandten zur Mithilfe zu bewegen — Großeltern, Onkel und Tanten. Andere verlassen sich auf Vorschulen, Spielplätze oder Kinderbetreuungsplätze, die vom Arbeitgeber gestellt werden.

Staatliche Zuschüsse, sofern überhaupt erhältlich, decken die Kosten für eine solche Betreuung nicht immer ab. In einigen Ländern ist es alleinstehenden Eltern mit kleinen Kindern deshalb unter Umständen möglich, auf eine berufliche Tätigkeit zu verzichten und von einer staatlichen Unterstützung zu leben.

Der Staat seinerseits wendet sich angesichts der zunehmenden Zahl alleinstehender Eltern, für die er sorgen muss, an die seiner Meinung nach Verantwortlichen.

In Großbritannien geht man bereits rigoros gegen den abwesenden Elternteil, beispielsweise gegen den Vater, vor, wenn er für seine Kinder keinen Unterhalt zahlt.

Die entsprechenden Fürsorgestellen lassen beim säumigen Vater nicht locker und treiben fehlende Zahlungen ein. Falls sich eine alleinerziehende Mutter weigert, den Behörden dabei zu helfen, den Vater ausfindig zu machen, gehen ihr möglicherweise etliche Beihilfen verloren.

„In Schweden werden schätzungsweise 40 Prozent der säumigen Zahler über die örtlichen Sozialversicherungsbehörden aufgespürt, und in Frankreich ordnen die Gerichte Unterhaltszahlungen und die gerichtliche Verfolgung säumiger Zahler an", berichtete die Londoner *Times*.

Ungeachtet dessen, ob alleinstehende Eltern durch die Gerichte oder den Staat Unterstützung erhalten oder nicht, finden viele dieser Eltern Mittel und Wege, von dem vorhandenen Geld zu leben, auch wenn sie früher an mehr Geld gewöhnt waren.

Wie gelingt ihnen das?

Indem sie anders wirtschaften.

Anders zu wirtschaften ist eine Kunst.

Gewöhnlich bedeutet es, dass man beim Geldausgeben neue Prioritäten setzt — zum Beispiel, dass man zuerst das Geld für die Miete und die Nebenkosten beiseite legt, dann für Lebensmittel und schließlich für Rückzahlungen von Darlehen.

Wie wäre es, sich Kosten mit anderen zu teilen? Zum Beispiel könnte man Geld sparen, indem man zusammen mit anderen Eltern Lebensmittel und Haushaltsartikel in größeren Mengen einkauft. Gleichgültig, wie man sich das Geld einteilt, man muss sich vorher hinsetzen und die Kosten berechnen.

Wie wäre es, beim Aufstellen des Haushaltsplans die Kinder mit einzubeziehen?

Dann betrachten sie es vielleicht als ihre besondere Pflicht, der Mutter oder dem Vater zu helfen, sich an den Plan zu halten. Möglicherweise gelingt es dann sogar, etwas auf die Seite zu legen.

Durch Freundlichkeit Freunde gewinnen

Interesse an anderen stößt oft auf gute Resonanz.

Initiativ zu werden und Freundschaften zu schließen ist das beste Mittel gegen Einsamkeit.

Vielleicht findet man zuverlässige Freunde, die auf die Kinder aufpassen, damit man eine Einladung annehmen kann. Noch besser wäre es, die Freunde zu sich einzuladen.

Einsamkeit kann nur überwunden werden, wenn die Freundschaften, die man geschlossen hat, wirklich förderlich und befriedigend sind.

Vater und Mutter zugleich

Alleinerziehende Eltern müssen ihren Kindern sowohl Vater als auch Mutter sein — keine leichte Aufgabe. Außerdem darf man nicht vergessen, dass Kinder die geborenen Nachahmer sind. Sie lernen, verantwortungsbewusste Erwachsene zu sein, indem sie beobachten, wie verantwortungsbewusste Erwachsene handeln.

Daher hängt viel davon ab, was für ein moralisches Vorbild man seinen Kindern gibt. In einem Kommentar der Londoner *Sunday Times,* in dem es um Jungen in Amerikas Innenstädten ging, von denen zahlreiche ohne Vater aufwachsen, hieß es:

„Die Gewalt und das soziale Chaos ... zeigen uns, wie sich eine Generation von Männern benimmt, von denen etwa die Hälfte aufgewachsen ist, ohne ein natürliches Gespür dafür zu bekommen, was einen erwachsenen Mann, der sich beherrschen kann, wirklich ausmacht."

In *The Relationship Revolution* sagte Duncan Dormor, die Gesundheit, die Schulleistungen und die finanzielle Zukunft der Kinder könnten erheblich beeinträchtigt werden, wenn sie von alleinerziehenden Eltern aufgezogen werden. Andere Forscher bestreiten das.

Sie machen finanzielle und soziale Verarmung dafür verantwortlich.

Dennoch stimmen viele mit der Einschätzung des Sozialwissenschaftlers Charles Murray überein:

„Ein Kind, das eine Mutter, aber keinen Vater hat und in dessen Nachbarschaft nur Mütter, aber keine Väter sind, urteilt nach dem, was es beobachtet. Sozialarbeiter, Lehrer oder Seelsorger können einem Jungen erzählen, er müsse später, wenn er groß sei, für seine Kinder ein guter Vater sein. Aber er weiß nicht, was das heißt, wenn er es nicht selbst beobachtet hat."

Ja, Jungen brauchen genauso wie Mädchen sowohl den Vater als auch die Mutter.

Glück

VOR einigen Jahren machte man in Deutschland, Frankreich, Großbritannien und den USA eine Umfrage, um herauszufinden, wie glücklich die Menschen sind.

In Deutschland sagten auf die Frage „Was macht einen Menschen glücklich?"

89 Prozent der Interviewten, Gesundheit sei ausschlaggebend; 79 Prozent erwähnten eine glückliche Ehe beziehungsweise Partnerschaft; für 62 Prozent war der Kindersegen wichtig; und 51 Prozent meinten, man brauche Erfolg im Beruf, um glücklich zu sein. 47 Prozent der Befragten waren entgegen einer Volksweisheit davon überzeugt, dass Geld glücklich macht.

Was sagen die Tatsachen?

Zuerst zu der angeblichen Verbindung zwischen Geld und Glück.

Wie eine Umfrage unter den hundert reichsten Amerikanern ergab, sind sie nicht glücklicher als andere. Außerdem haben in den letzten 30 Jahren zwar viele Amerikaner ihren Besitz fast verdoppelt, sie sind aber nach Aussage von Psychotherapeuten um nichts glücklicher geworden.

In einem Bericht heißt es:

„Im gleichen Zeitraum ist die Zahl derer, die an Depressionen leiden, in die Höhe geschnellt. Die Selbstmordrate unter Jugendlichen hat sich verdreifacht, die Scheidungsrate verdoppelt."

In rund 50 Ländern ergaben Forschungen zu der Frage, wie sich Geld auf das Glück auswirkt, dass man Glück nicht kaufen kann.

Wie ausschlaggebend sind nun eine gute Gesundheit, eine glückliche Ehe und Erfolg im Beruf für das Glück?

Falls all das zum Glück unbedingt nötig ist, was ist dann mit den vielen, die nicht gesund sind oder die nicht glücklich verheiratet sind?

Was ist mit kinderlosen Ehepaaren und all den Männern und Frauen, die im Beruf nicht vorankommen?

Ist jeder Einzelne von ihnen dazu verurteilt, unglücklich zu sein?

Wird das Glück, das man bei denen vermutet, die momentan gesund sind und die glücklich verheiratet sind, schwinden, wenn sich das Blatt wendet?

Suchen wir an der richtigen Stelle?

Jeder möchte glücklich sein.

Daher ist die Suche nach Glück ganz normal. Viele finden jedoch, das Glück sei genauso schwer festzuhalten wie Sand — beides rinne einem durch die Finger.

Könnte es sein, dass manch einer zu verbissen nach dem Glück sucht?

Dieser Meinung war der Sozialphilosoph Eric Hoffer.

Er sagte:

„Die Suche nach dem Glück ist eine der Hauptursachen für Unzufriedenheit."

Das trifft sicher zu, wenn wir das Glück an der falschen Stelle suchen.

Dann sind uns Enttäuschung und Frustration sicher.

Weder der Versuch, reich zu werden, noch das Streben nach Ruhm und Anerkennung noch das Verfolgen politischer, sozialer oder wirtschaftlicher Ziele oder ein Leben nur für sich selbst und für den Sofortgenuss führen zu Glück.

Es ist kein Wunder, dass einige die widersprüchliche Ansicht einer Autorin übernommen haben, die schrieb:

„Wenn wir nicht ständig hinter dem Glück herjagen würden, hätten wir das schönste Leben ."